Penguin Books
Dutch Phrase Book
Paul Breman and Jill Norman

SECOND EDITION

Paul Breman and
Jill Norman

Dutch Phrase Book

Penguin Books Ltd, Harmondsworth,
Middlesex, England
Penguin Books, 625 Madison Avenue,
New York, New York 10022, U.S.A.
Penguin Books Australia Ltd, Ringwood,
Victoria, Australia
Penguin Books Canada Ltd, 2801 John Street,
Markham, Ontario, Canada L3R 1B4
Penguin Books (N.Z.) Ltd, 182–190 Wairau Road,
Auckland 10, New Zealand

First published 1972
Reprinted 1973
Second edition 1978
Reprinted 1981

Copyright © Paul Breman and Jill Norman, 1972, 1978
All rights reserved

Made and printed in Great Britain by
Hazell Watson & Viney Ltd, Aylesbury, Bucks
Set in Monotype Plantin

Contents

6 Contents

Introduction

In this series of phrase books only those words and phrases that are essential to the traveller have been included. For easy reference the phrases are divided into sections, each one dealing with a different situation.

   * Some of the Dutch phrases are marked with an asterisk – these attempt to give an indication of the kind of reply you may get to your questions and of questions you may be asked.

   At the end of the book there is an extensive practical vocabulary list and here a pronunciation guide is given for each word. In addition there is an explanation of Dutch pronunciation at the beginning of the book and a brief survey of the essential points of grammar. It would be advisable to read these sections before starting to use the book.

Pronunciation

The pronunciation guide is intended for people with no knowledge of Dutch. As far as possible the system is based on English sounds. This means that complete accuracy may sometimes be lost for the sake of simplicity, but the reader should be able to understand Dutch pronunciation, and make himself understood, if he reads this section carefully. Each word in the vocabulary at the end of the book has a transcription into English symbols, according to the rules set out below. Stressed syllables are printed in **bold type** in the pronunciation guide.

VOWELS

open **a, aa**	as **a** in father, but with the sound made just behind the teeth instead of back in the throat	symbol ā	vader – father vădĕr slaap – sleep slāp
closed **a**	as **a** in father but shorter	symbol a	dag – day dakh

open e, ee	as a in able	symbol ay	eten – to eat ayten
closed e	as e in wet	symbol e	weg – road wekh
final el	often as le in apple	symbol 'l	dubbel – double děb'l
final en	often as en in open	symbol 'n	kopen – to buy kōp'n
final er	often has the e as in open or apple	symbol 'r	water – water wăt'r
muted e	as a in awoke	symbol ě	aarde – earth ārdě
i is usually closed	as i in inn	symbol i	in – in in
ie is open	as i in machine	symbol ee	vriend – friend vreent
open o, oo	as o in open	symbol ō	lopen – to walk lōp'n
closed o	as o in dock	symbol o	zon – sun zon
open u, uu	not an English sound; say ee with the lips pushed forward and rounded as for oo	symbol ü	huren – to rent hürěn uur – hour ü
closed u	as a in awoke	symbol ě	druk – busy drěk

DIPHTHONGS

au(w), ou(w)	as **ow** in how except in words borrowed from French	symbol **ow**	gauw – soon khow oud – old owt
	but		auto – car ōtō
ei, ij	as **i** in fine, but with the lips spread to make a flatter sound	symbol **y**	mei – May my rijden – to drive rydĕn
eu	as **e** in her, but longer and with the lips well rounded and forward	symbol **ēr**	leuk – nice lērk
oe	as **oo** in moon (but short in closed syllables)	symbol **oo**	hoed – hat hoot
ui	unlike any English sound, and difficult to produce; it is like letting **ou** (as in doubt) slide into **ee**, and like **eui** in French feuille	symbol **œ**	huis – house hœs

VOWEL GROUPS

aai, ooi, oei	unchanged vowel or diphthong sound, ending on a slide towards **ee**	ā – ee, ō – ee, oo – ee

eeuw, ieuw	unchanged open vowel sound, ending on **w**	ay – w, ee – w
eau	in words borrowed from French is pronounced ō (and often also written as **o**)	

CONSONANTS

Most consonants have approximately the same sound as in English, but they tend to be crisper and more firmly pronounced. Note the following exceptions:

d	is pronounced as **t** at the end of a word, and often dropped where it occurs between two vowels		
g	as **ch** in Scottish loch	symbol **kh**	goed – good khoot
j	as **y** in yes	symbol **y**	jas – coat yas
n	final **n** is often dropped in colloquial Dutch		
r	is always (and often strongly) pronounced		
s	always as in soft, never as in rose		
v	is nearer to **f** in foot than **v** in verb		
w	is less round than in English		

Double consonants usually retain their separate sounds (**kn**, for instance, never has silent **k** as in English). There are two exceptions:

ch	as **ch** in Scottish loch	symbol **kh**	schrijven – to write skhryv'n
	except that initial **ch** (in words borrowed from French) is like **sh** in ship;	symbol **sh**	chocola – chocolate shōkōlā
	in the ending **-isch** the **ch** is not pronounced		technisch – technical tekhnees
ng	as in sing, never as in finger		

Basic grammar

CASES

Present-day Dutch has no cases in active use, except in the personal pronouns, in a few archaic expressions with the dative or locative:

ter plaatse – on the spot

and most frequently in the ending **-s** of the names of the days or seasons which gives them (as in English) the meaning of *every* or *during*:

Vrijdags – (on) Fridays; 's avonds – evenings, in the evening; 's zomers – in summer

GENDERS

Genders are not very strongly expressed any more either except for living beings where the sex is clearly defined in the context; otherwise the only difference is in the use of the definite article, and the terms **de**-words and **het**-words are now used rather than the old genders.

DEFINITE ARTICLE

de for both masculine and feminine singular

de man – man; de vrouw – woman

het for neuter nouns and for all diminutives in the singular
    het huis – house; het vrouwtje – *dim.* woman
de for all plurals
    de mannen; de vrouwen; de huizen

INDEFINITE ARTICLE

een for all genders
    een man; een vrouw; een huis
geen is the negative form, meaning no (none)
    geen werk – no work

NOUNS

Nouns have either the common gender with the definite article **de**, or they are neuter and take **het**. Neuter nouns are indicated by (*n*) in the vocabulary.

The plural is normally formed by adding the ending **-en**. Some words change their stem vowel as well:

    boek, boeken – book; stad, steden – town

The plural of all diminutives is formed by adding **-s** at the end:

    hapje, hapjes – snack

Other groups of words which add **-s** to form the plural are those ending in

    -en jongen, jongens – boy
    -el boekhandel, boekhandels – bookshop
    -er bakker, bakkers – baker
and most words borrowed from other languages
    acteur, acteurs – actor; café, cafés – pub
except Latin words in **-um**: museum, musea

DIMINUTIVES

Dutch uses diminutives very frequently, and with a total disregard for relative size. They are formed by adding **-je** to the end of a word, or **-tje** after a voiced consonant or a vowel. Quite often they change the meaning of the word.

> stoel, stoeltje – chair; hap (bite) – hapje (snack); sla (lettuce) – slaatje (salad)

ADJECTIVES

Adjectives take the ending **-e**

(a) when they are used after the definite article or demonstrative pronouns

> het oude huis – the old house
> de nieuwe jas – the new coat
> dat dure boek – that expensive book

(b) after the indefinite article and its negation (**geen**), if the noun is a **de**-word

> een oude man – an old man
>
> *but*   een jong kind (*n*) – a young child
>
> geen goede stof – not a good cloth
>
> *but*   geen goed woord (*n*) – not a good word

(c) if no article at all is used and the noun is a **de**-word

> goede wijn – good wine
>
> *but*   rood haar (*n*) – red hair

(d) in the plural

> de jonge kinderen – the young children
> oude huizen – old houses
> geen goede woorden – no good words

COMPARATIVES

Comparatives are always formed by adding **-er** to the adjective (**-der** for words ending in **-r**). To form the superlative add **-st**:

hoog	hoger	hoogst	– high	higher	highest
ver	verder	verst	– far	farther	farthest

The most common irregular forms are

goed	beter	best	– good	better	best
veel	meer	meest	– much	more	most
weinig	minder	minst	– little	less	least

ADVERBS

Adverbs have the same form as adjectives, but do not decline. A peculiarity of Dutch is the use of diminutives even here:

zachtjes – softly (*from* zacht – soft)

PERSONAL PRONOUNS

subject		*all other functions*	
ik	I	me, mij	me, to me, etc.
je, jij	you *familiar*	je, jou	
u	you *polite*	u	
hij	he	hem	
ze, zij	she	ze, haar	
het	it	het	
we, wij	we	ons	
jullie	you *familiar*	jullie	
u	you *polite*	u	
ze, zij	they	ze	

The forms ending in **-e** are much more common than those ending in **-ij**. The latter are now mainly used to give emphasis to the word.

The polite form of address **u** is used to all strangers, and to people considered superior either in age or status.

het and plural **ze** are never used after a preposition; the following forms are used instead:

> ervan (*not* van het/ze) – of it/them (thereof)
> eraan (*not* aan het/ze) – to it/them (thereto)
> ermee (*not* met het/ze) – with it/them (therewith)

REFLEXIVE PRONOUNS

Reflexive pronouns follow the forms of the personal pronoun (to which **-zelf** can be added for greater emphasis), except in the third person singular and plural, where the form is **zich**:

> ik verweer me – I defend myself
> ik heb mezelf gesneden – I've cut myself
> hij scheert zich – he shaves (himself)

POSSESSIVE PRONOUNS

mijn	my, mine
jouw	your, yours *familiar*
uw	your, yours *polite*
zijn	his
haar	her, hers
ons, onze	our, ours (this is the only possessive pronoun which declines: **ons** changes to **onze** before a plural noun)
jullie	your, yours *familiar*
uw	your, yours *polite*
hun	their, theirs

DEMONSTRATIVE PRONOUNS

die – that (one)   for **de**-words
dat – that (one)   for **het**-words
die – those
deze – this (one)   for **de**-words
dit – this (one)   for **het**-words
deze – these

RELATIVE PRONOUNS

die – who, which   with **de**-words
dat – who, which   with **het**-words
die – who, which   plural

INTERROGATIVE PRONOUNS

wie? – who?
wat? – what?
welk? – which?
wiens? – whose?

NEGATIVES

Negatives are generally formed by putting **niet** (not) before the word
or phrase to be negated.

VERBS

Dutch verbs fall into two groups, strong and weak verbs, depending
on the way they form their imperfect tense and past participle. Strong
verbs also change their stem vowel and these changes are indicated in
the vocabulary:

infinitive   imperfect   past participle

breken   brak   gebroken   – to break

Weak verbs form the imperfect tense by adding **-te** to the stem if it
ends with **-ch**, **-f**, **-k**, **-p**, **-s**, **-t**, and by adding **-de** in all other cases.
Both weak and strong verbs form the past participle by adding the
prefix **ge-** to the stem, and the suffix **-t** or **-d** for weak verbs, **-en** for
strong verbs. The latter sometimes revert to a weak form either in the
vowel or the ending.

wachten	wachtte	gewacht	– to wait
horen	hoorde	gehoord	– to hear
lopen	liep	gelopen	– to walk
brengen	bracht	gebracht	– to bring

The pronoun of formal address, **u**, whether singular or plural, takes
the verb in the third person singular, although in daily speech there is
a tendency to use the second person. Both are now considered correct:

u hebt	u heeft	– you have *sing. or pl.*
u bent	u is	– you are *sing. or pl.*

Weak verbs

infinitive   tellen   – to count
pres. part.   tellend – counting
past part.   geteld – counted
imperative   tel – count

present

ik tel – I count
jij telt – you count
hij telt – he counts
wij tellen – we count
jullie tellen – you count
zij tellen – they count

future

ik zal tellen – **I** shall count, etc.
jij zult tellen
hij zal tellen
pl. zullen tellen

perfect
ik heb geteld – I have counted, etc.
jij hebt geteld
hij heeft geteld
pl. hebben geteld

imperfect
sing. telde – I counted, etc.
pl. telden

pluperfect
sing. had geteld – I had counted, etc.
pl. hadden geteld

Strong verbs

infinitive   roepen – to call
pres. part. roepend – calling
past part. geroepen – called
imperative roep   – call

present
ik roep – I call, etc.
jij roept
hij roept
wij roepen
jullie roepen
zij roepen

future
ik zal roepen – I shall call, etc.
jij zult roepen
hij zal roepen
pl. zullen roepen

imperfect
sing. riep – I called, etc.
pl. riepen

pluperfect
sing. had geroepen – I had called, etc.
pl. hadden geroepen

perfect
ik heb geroepen – I have called, etc.
jij hebt geroepen
hij heeft geroepen
pl. hebben geroepen

Auxiliary verbs

zijn – to be (*active sense*)

present	*imperfect*	*perfect*
ik ben – I am, etc.	ik was – I was, etc.	ik ben geweest – I have been, etc.
jij bent	jij was	jij bent geweest
hij is	hij was	hij is geweest
pl. zijn	*pl.* waren	*pl.* zijn geweest

worden – to be (*passive sense*), to become

present	*imperfect*	*perfect*
ik word – I become, etc.	werd – I became, etc.	ben geworden – I hav become, etc.
jij wordt	werd	bent geworden
hij wordt	werd	is geworden
pl. worden	werden	zijn geworden

This verb is used where we would use 'to be' to denote the passive
    hy **werd** gezien – he **was** seen.

hebben – to have

present	*imperfect*	*perfect*
ik heb – I have, etc.	had – I had, etc.	heb gehad – I have had, etc.
jij hebt	had	hebt gehad
hij heeft	had	heeft gehad
pl. hebben	hadden	hebben gehad

zullen – to be going to

present	*imperfect*
ik zal – I shall/will, etc.	zou – I should/would, etc.
jij zult	zou
hij zal	zou
pl. zullen	zouden

kunnen – to be able to

present	*imperfect*
ik kan – I can, etc.	kon – I could, etc.
jij kunt	kon
hij kan	kon
pl. kunnen	konden

willen – to want to

present	*imperfect*
ik wil – I want, etc.	wou/wilde – I wanted, etc.
jij wilt	wou/wilde
hij wil	wou/wilde
pl. willen	wouden/wilden

mogen – to be allowed to

present	*imperfect*
sing. mag – I may, etc.	mocht – I was allowed to, etc.
pl. mogen	mochten

Separable verbs

In Dutch, as in German, many verbs are modified in meaning by the addition of a prefix:

komen – to come; aankomen – to arrive
geven – to give; afgeven – to deliver *or* to stain (give off)

When these verbs are conjugated they split up into their component parts: the verb is used in its normal place and the prefix goes to the end of the sentence:

de trein komt aan – the train arrives

In the past participle the adverb remains a prefix:

de trein is aangekomen – the train has arrived

SENTENCE STRUCTURE

Sentence structure follows more or less the same pattern as in English, with a few important exceptions:

(1) indications of time usually precede those of place (in English the reverse is usual):

ik ga morgen naar Amsterdam – I am going to Amsterdam tomorrow

and both these indications would precede the direct object

ik ga morgen in Amsterdam een tentoonstelling zien – I am going to Amsterdam to see an exhibition tomorrow

(2) when a sentence starts with an adverb the verb precedes the subject:

morgen ga ik een tentoonstelling zien – I am going to see an exhibition tomorrow

The last two examples illustrate also how the verb group is split in Dutch so that the main verb comes after the direct object (which usually means that it comes at the end of the sentence):

ik heb gisteren in Amsterdam een tentoonstelling gezien – I saw an exhibition in Amsterdam yesterday

Essentials

&

First things

Yes	Ja
No	Nee
Please	Alstublieft
Thank you	Dank u (wel)
You're welcome	Niet te danken
No, thank you	Nee, dank u
Sorry	Pardon

Language problems

I'm English/American	Ik kom uit Engeland/Amerika
Do you speak English?	Spreekt u Engels?
Does anybody here speak English?	Spreekt hier iemand Engels?
I don't speak Dutch	Ik spreek geen Hollands
I don't speak much Dutch	Ik spreek niet veel Nederlands
Do you understand (me)?	*Begrijpt u (mij)?
I don't understand ...	Ik begrijp ... niet
Would you say that again, please?	Wilt u dat nog eens zeggen?
Please speak slowly	Zoudt u langzaam willen praten?
What does that mean?	Wat betekent dat?
Can you translate this for me?	Kunt u dit voor me vertalen?
Please write it down	Wilt u het even opschrijven?
What do you call this in Dutch?	Hoe heet dat in het Nederlands?
How do you say that in Dutch?	Hoe zeg je dat in het Nederlands?
I will look it up in my phrase book	Ik zoek het even op in mijn boekje

Questions

Who?	Wie?
Where is/are . . . ?	Waar is/zijn . . . ?
When?	Wanneer?
How much is/are . . . ?	Wat kost/kosten . . . ?
How far?	Hoe ver?
What's this?	Wat is dat?
What do you want?	Wat blieft u?
What must I do?	Wat moet ik doen?
Why?	Waarom?
Have you . . ./do you sell . . . ?	Hebt u . . . ?
Is/are there . . . ?	Is/zijn er . . . ?
Have you seen . . . ?	Hebt u . . . gezien?
May I have . . . ?	Mag ik . . . hebben?
I want/should like . . .	Ik zou graag willen . . . (*verb*)
	Ik zou graag . . . willen hebben (*noun*)
I don't want . . .	Ik wil niet . . . (*verb*)
	Ik wil geen . . . (*noun*)
What is the matter?	Wat is er aan de hand?
Can I help you?	*Kan ik u helpen?
Can you help me?	Kunt u mij helpen?
Can you tell me . . . ?	Kunt u me zeggen . . . ?
Can you give/show me . . . ?	Kunt u me . . . geven/laten zien?

Useful statements

Here is/are ...	Hier is/zijn ...
I like it	Het bevalt mij
I don't like them	Zij bevallen mij niet
I (don't) know	Ik weet het (niet)
I didn't know	Ik wist het niet
I think (that) ...	Ik geloof (dat) ...
I'm hungry/thirsty	Ik heb honger/dorst
I'm tired/ready	Ik ben moe/klaar
I'm in a hurry	Ik heb haast
Leave me alone	Laat me met rust
Just a minute	*Een ogenblik(je)
This way, please	*Deze kant op, alstublieft
Take a seat	*Neemt u plaats/Gaat u zitten
Come in!	*Binnen!
It's cheap	Het is goedkoop
It's (too) expensive	Het is (te) duur
That's all	Dat is alles
You're right/wrong	U hebt gelijk/ongelijk

Greetings

Good morning/good day	Goeiemorgen/Goedendag
Good afternoon	Goeiemiddag
Good evening	Goedenavond
Good night	Welterusten
Good-bye	Tot ziens
How are you?	Hoe maakt u het?
Very well, thank you	Goed, dank u
See you soon/tomorrow	Tot gauw/morgen
Have a good journey	Goede reis
Good luck/all the best	Het beste
Have a nice time	Veel plezier/genoegen

Polite phrases

Sorry	Pardon
Excuse me	Neem me niet kwalijk
That's all right	Laat maar
Not at all	Helemaal niet
Don't mention it (*after thanks*)	Niet te danken
Everything all right?	Alles in orde?
Can't complain	(Ik) mag niet mopperen

Don't worry	Maakt u zich geen zorgen
It doesn't matter	Het geeft niet
I beg your pardon?	Wat zegt u?
Am I disturbing you?	Stoor ik?
I'm sorry to have troubled you	Het spijt me dat ik u zoveel moeite bezorgd heb
Good/that's fine	Goed/Dat is in orde
That is very kind of you	Dat is heel vriendelijk van u
That's nice	Dat is aardig/fijn
Thank you very much for all your trouble	Hartelijk dank voor al uw moeite

Opposites

before/after	voor/na	võr/nā
early/late	vroeg/laat	vrookh/lāt
first/last	eerste/laatste	**ayr**stĕ/**lāt**stĕ
now/later, then	nu/later, dan	nü/**lā**tĕr, dan
far/near	ver/dichtbij	ver/dikht**by**
here/there	hier/daar	heer/dār
in/out	in/uit	in/œt
inside/outside	binnen/buiten	**bin**nĕn/**bœ**tĕn
under/over	onder/boven	**on**dĕr/**bō**vĕn

big, large/small	groot/klein	khrōt/klyn
deep/shallow	diep/ondiep	deep/**on**deep
empty/full	leeg/vol	laykh/vol
fat/lean	dik, vet/mager	dik, vet/**mā**khĕr
heavy/light	zwaar/licht	zwār/likht
high/low	hoog/laag	hōkh/lākh
long, tall/short	lang/kort	lang/kort
narrow/wide	nauw/wijd	now/wyt
thick/thin	dik/dun	dik/dĕn
least/most	minst/meest	minst/mayst
many/few	veel/weinig	vayl/**wy**nikh
more/less	meer/minder	mayr/**min**dĕr
much/little	veel/weinig	vayl/**wy**nikh
beautiful/ugly	mooi/lelijk	mōee/**lay**lĕk
better/worse	beter/slechter	**bay**tĕr/**slekh**tĕr
cheap/dear	goedkoop/duur	khood**kōp**/dür
clean/dirty	schoon/vuil	skhōn/vœl
cold/hot, warm	koud/heet, warm	kowt/hayt, warm
easy/difficult	gemakkelijk/moeilijk	khĕ**mak**kĕlĕk/**mooy**ĕlĕk
fresh/stale	vers/oudbakken	vers/**owt**bakkĕn
good/bad	goed/slecht	khood/slekht
new, young/old	nieuw, jong/oud	neew, jong/owt

nice/nasty	aardig/naar	**ār**děkh/nār
right/wrong	goed/verkeerd	khood/věr**kayrt**
free/taken	vrij/bezet	vry/**bě**zet
open/closed, shut	open/gesloten, dicht	ōpě(n)/khě**slō**tě(n), dikht
quick/slow	vlug/langzaam	vlěkh/**lang**zām
quiet/noisy	rustig/lawaaiig	**rě**stěkh/la**wā**yěkh
sharp/blunt	scherp/bot	skherp/bot

Signs and public notices[1]

Alleen staanplaatsen	standing room only
Bellen s.v.p.	please ring
Bezet	engaged/occupied
Binnen zonder kloppen	enter without knocking
Dames	ladies
Duwen	push
Geen drinkwater	not drinking water
Geen toegang	no entry
Geopend van ... tot ...	open from ... to ...
Gereserveerd	reserved
Gesloten	closed
Gevaar	danger
Heren	gentlemen
Ingang	entrance
Inlichtingen	information

1. See also SIGNS TO LOOK FOR AT STATIONS (p. 45) and ROAD SIGNS (p. 58).

Kamers te huur	rooms to let
Kassa	cashier
Kloppen a.u.b.	please knock
Lift	lift/elevator
Men wordt verzocht niet ...	you are requested not to ...
Niet ...	do not ...
Niet aanraken	do not touch
Nooduitgang	emergency exit
Open	open
Politie bureau	police station
Postkantoor	post office
Tapvergunning	fully licensed
Te huur	to let/for hire
Te koop	for sale
Toegang vrij	admission free
Toilet/WC	lavatory/toilet
Trekken	pull
Uitgang	exit
Uitverkocht	sold out/house full (*cinema, etc.*)
Uitverkoop	sale
Verboden te ...	do not ...
Verboden te roken/Niet roken	no smoking
Verboden toegang	trespassers will be prosecuted
Voetgangers	pedestrians

Vol	no vacancies
Voorzichtig	caution
Vrij	vacant/free/unoccupied

Abbreviations

alg.	algemeen	general
A.N.P.	Algemeen Nederlands Persbureau	largest news agency
A.N.W.B.	Algemene Nederlandse Wielrijdersbond	Dutch Automobile Association
		broadcasting companies:
A.V.R.O.		liberal
K.R.O.		roman catholic
N.C.R.V.		protestant
V.A.R.A.		labour
V.P.R.O.		reformed church
bijv./b.v.	bijvoorbeeld	e.g.
B.T.W.	Belasting toegevoegde waarde	Value added tax (V.A.T.)
C.D.A.	Christelijk Democratisch Appèl	protestant–catholic coalition party
cm	centimeter	centimetre
CS	centraal station	main (railway) station
ct	cent	cent

dag.	dagelijks	daily
d.w.z.	dat wil zeggen	i.e.
e.a.	en andere(n)	a.o.
e.d.	en dergelijke(n)	and other similar
E.E.G.	Europese Economische Gemeenschap	E.E.C.
E.H.B.O.	eerste hulp bij ongelukken	first aid
enz.	enzovoort	etc.
Fa	firma	company
(H)fl	gulden	(Dutch) guilders
K.N.A.C.	Koninklijke Nederlandse Automobiel Club	Royal Dutch Automobile Club
K.N.M.I.	Koninklijk Nederlands Meteorologisch Instituut	weather forecasting authority
m	meter	metre
mej.	mejuffrouw	Miss
mevr.	mevrouw	Mrs
mm	millimeter	millimetre
n.Chr.	na Christus	A.D.
N.O.S.	Nederlandse Omroep Stichting	national broadcasting authority
N.S.	Nederlandse Spoorwegen	Dutch railways
N.T.S.	Nederlandse Televisie Stichting	national television authority

N.V.	naamloze vennootschap	limited company
P.T.T.	Post, telefoon, telegraaf	G.P.O.
P.v.d.A.	Partij van de Arbeid	Labour Party
R.K.	Rooms Katholiek	Roman Catholic
s.v.p./a.u.b.	s'il vous plaît/alstublieft	please
t.z.t.	te zijner tijd	in due course
v.Chr.	voor Christus	B.C.
V.V.D.	Volkspartij voor Vrijheid en Democratie	Liberal Party
V.V.V.	Vereniging voor Vreemdelingenverkeer	tourist information office
W.W.	Wegenwacht	mobile units of the A.N.W.B.
z.o.z.	zie ommezijde	p.t.o.

Money[1]

Is there a bank/an exchange bureau near here?	Is hier een bank/wisselkantoor in de buurt?
Do you change travellers' cheques?	Neemt u traveller cheques aan?
Where can I change travellers' cheques?	Waar kan ik reischeques wisselen?
Can I change private bank cheques here?	Neemt u Eurocheques aan?
Do you have any identification/ a banker's card?	*Hebt u een legitimatie bewijs/een bank pas?
I want to change some pounds/ dollars	Ik wil Engels/Amerikaans geld wisselen
How much do I get for a pound/dollar?	Hoeveel krijg ik voor een pond/dollar?
What is the current rate of exchange?	Wat is de wisselkoers vandaag?

1. In Holland, banks are usually open from 9.00 until 16.00, Monday through Friday. Exchange offices in tourist centres and at a number of main railway stations are usually open until 20.00, some even later.

Can you give me some small change?	Kunt u me wat kleingeld geven?
Sign here, please	*Wilt u hier tekenen?
Go to the cashier	*Gaat u maar naar de kassa

CURRENCY

Holland
  fl 1 or 1 Dutch guilder = 100 cent
  fl 10 (een tientje)
  fl 1 (een gulden)
  25 cent (een kwartje)
  10 cent (een dubbeltje)
  5 cent (een stuiver)

Belgium
  1 franc = 100 centimes

Travel

On arrival

Passport control	*Pascontrole
Your passport, please	*Uw pas, alstublieft
Are you together?	*Hoort u bij elkaar?
I'm travelling alone	Ik reis alleen
I'm travelling with my wife/a friend	Ik reis met mijn vrouw/een vriend(in)
I'm here on business/on holiday	Ik ben hier voor zaken/op vakantie
What is your address in Amsterdam?	*Wat is uw adres in Amsterdam?
How long are you staying here?	*Hoe lang blijft u hier?
How much money have you got?	*Hoeveel geld hebt u bij u?
I have . . . pounds/dollars	Ik heb . . . pond/dollar
Customs	*Douane

Nothing to declare	Niets aan te geven
Which is your luggage?	*Wat is uw bagage?
Do you have any more luggage?	*Hebt u nog meer bagage?
This is (all) my luggage	Dit is (al) mijn bagage
Have you anything to declare?	*Hebt u iets aan te geven?
I have only my personal things in it	Er zitten alleen gebruiksartikelen in
I have a carton of cigarettes and a bottle of gin/wine	Ik heb een slof sigaretten en een fles gin/wijn
Open this bag/suitcase, please	*Maakt u deze tas/koffer even open?
Can I shut my case now?	Kan ik mijn koffer weer dichtdoen?
May I go?	Kan ik gaan?
Where is the information bureau, please?	Waar is het inlichtingen bureau?
Porter!	Kruier!
Would you take these bags to a taxi/to the bus?	Wilt u deze koffers naar een taxi/de bus brengen?
What's the price for each piece of luggage?	Wat is het tarief?
I shall take this myself	Dit draag ik zelf
That's not mine	Dat is niet van mij
Would you call a taxi?	Wilt u een taxi voor me roepen?
How much do I owe you?	Hoeveel krijgt u van mij?

Signs to look for at stations, etc.

Arrivals	Aankomst
Booking office/Tickets	Plaatskaarten
Buses	(Auto)bus
Connections	Aansluitingen/Verbindingen
Departures	Vertrek
Exchange	Wisselkantoor
Gentlemen	Heren
Information	Inlichtingen
Ladies' room	Dames
Left luggage/Lockers	Bagage depot/Bagage kluizen
Lost property	Gevonden voorwerpen
Luggage lockers	Bagage kluis
Non-smoker	Niet roken
Platform	Perron/Spoor
Refreshments	Restauratie/Buffet
Reservations	Plaatsbespreking
Smokers	Roken
Taxi (rank)	Taxi (standplaats)
Underground	Metro
Waiting room	Wachtkamer

Buying a ticket

Where's the nearest travel agency/tourist office?	Is hier een reisbureau/V.V.V. (*vay vay vay*) kantoor in de buurt?
Have you a timetable, please?	Hebt u een dienstregeling voor me?
What's the return fare to ...?	Wat kost een retour naar ...?
A first-/second-class single to ...	Een enkele reis eerste/tweede klas naar ...
Three singles to ...	Drie enkele naar ...
A day/evening/weekend return[1] to ...	Een retour/avondretour/ weekendretour naar ...
Is there a special rate for children?	Is er een speciaal tarief voor kinderen?
How old is he/she?	*Hoe oud is hij/zij?
Is there a supplementary charge?	Moet ik nog toeslag betalen?
A book of tickets, please (*bus, tram only*)	Een knipkaart alstublieft

1. Train return tickets are normally valid only on the day of issue (it is a small country!) but the following exceptions are worth noting: *avondretour* (valid after 18.00) costs the price of a single plus 25 ct; *weekend retour* (going Saturday, coming back Sunday) is a normal return fare plus 1 guilder; *dagabonnement* (any day) gives unlimited travel for one day, costs fl 20 plus fl 5 for each succeeding day; *tweeplus kaart* (any day after 9.00 except Fridays) is a *dagabonnement* for two people, costs fl 30 and fl 5 for each further person (two children counting as one adult). For some of these you need an identity card, which is available at any station: take a passport photograph.

By train[1]

RESERVATIONS AND INQUIRIES

Where's the (main) railway station?	Waar is het (centraal) station?
Where is the ticket office?	Waar is het kaartjesloket?
Two seats on the ... to ...	Twee plaatsen in de trein van ... naar ...
I want to reserve a sleeper[2]	Kan ik een slaapplaats reserveren?
How much does a couchette cost?	Wat kost een couchette?
I want to register this luggage through to ...	Kan ik deze bagage rechtstreeks naar ... sturen?
Is it an express or a local train?[3]	Is dit een sneltrein of een stoptrein?
Is there an earlier/later train?	Is er een vroegere/latere trein?
Is there a restaurant car on the train?	Is er een restauratie-wagen in deze trein?

1. For help in understanding the answers to these and similar questions see TIME AND DATES (p. 152), NUMBERS (p. 158), DIRECTIONS (p. 54).

2. Sleepers and couchettes can be reserved through travel bureaux but not at the stations.

3. Trains are classified as follows: *stoptrein:* stops at all stations; *sneltrein:* stops at selected stations only; *D-trein:* international train which stops at main stations only (supplementary charge of fl 2.—); *TEE:* Trans-Europ Express, luxury international trains stopping at a few main stations only, limited access.

CHANGING

Is there a through train to ...?	Is er een doorgaande trein naar ...?
Do I have to change?	Moet ik overstappen?
Where do I change?	Waar moet ik overstappen?
What time is there a connection to ...?	Wanneer is er een aansluiting naar ...?

DEPARTURE

When does the train leave?	Hoe laat gaat de trein?
Which platform does the train to ... leave from?	Van welk spoor/perron gaat de trein naar ...?
Is this the train for ...?	Is dit de trein naar ...?

ARRIVAL

When does it get to ...?	Wanneer komt hij in ... aan?
Does this train stop at ...?	Stopt deze trein in ...?
How long do we stop here?	Hoe lang stoppen we hier?
Is the train late?	Heeft de trein vertraging?
When does the train from ... get in?	Wanneer komt de trein uit ... aan?
At which platform?	Op welk perron?

ON THE TRAIN

We have reserved seats	Wij hebben gereserveerde plaatsen

Is this seat free?	Is deze plaats vrij?
This seat is taken	Deze plaats is bezet
Conductor	Conducteur
Your tickets, please	*Plaatskaarten alstublieft

By air

Where's the . . . office?	Waar is het kantoor van de . . .?
I'd like to book two seats on the plane to . . .	Ik wil graag twee plaatsen boeken naar . . .
Is there a flight to . . .?	Is er een vlucht naar . . .?
What is the flight number?	Wat is het nummer van de vlucht?
When does the plane leave/arrive?	Wanneer vertrekt/landt het toestel?
When does the next plane to . . . leave?	Wanneer is de volgende vlucht naar . . .?
Is there a coach to the airport/town?	Is er een bus naar het vliegveld/de stad?
When must I check in?	Wat is de check-in tijd?
Please cancel my reservation to . . .	Kunt u mijn boeking naar . . . annuleren?

I'd like to change my reservation	Ik wil mijn boeking veranderen

By boat

Is there a boat/(car) ferry from here to . . .?	Is er een boot/(auto) veer van hier naar . . .?
How long does it take to get to . . .?	Hoe lang duurt het om naar . . . te komen?
How often do the boats leave?	Hoe vaak gaat er een boot?
Where does the boat put in?	Welke plaatsen doet de boot aan?
Does it call at . . .?	Doet de boot . . . aan?
When does the next boat leave?	Wanneer vertrekt de volgende boot?
Can I book a single-berth cabin?	Kan ik een enkele hut reserveren?
How many berths are there in this cabin?	Hoeveel plaatsen zijn er in die hut?
When must we go on board?	Wanneer moeten we aan boord zijn?
When do we dock?	Hoe laat leggen we aan?
How long do we stay in port?	Hoe lang blijven we in de haven?
Can we do a sightseeing tour of the harbour/town?	Kunnen we een rondvaart maken door de havens/door de stad?

By bus, coach or tram

Where's the bus station?	Waar is het bus-station?
Bus/tram stop	*Bushalte/tramhalte
Request stop	*Halte op verzoek
When does the coach/tram leave?	Wanneer gaat de bus/tram?
What time do we get to . . .?	Wanneer komen we in . . . aan?
What stops does it make?	Waar stopt de bus allemaal?
Is it a long journey?	Is het een lange rit?
We want to do a sightseeing tour of the city	We willen een stadstoer maken
Is there a sightseeing tour?	Is er een rondrit (*coach*)/ rondvaart (*boat*)?
What is the fare?	Wat kost het?
Does the bus/coach stop at our hotel?	Stopt de bus bij ons hotel?
Is there an excursion to . . . tomorrow?	Is er morgen een excursie naar . . .?
What time is the next tram?	Wanneer gaat de volgende tram?
How often does the . . . run?	Hoe vaak gaat de . . .?
Has the last bus gone?	Is de laatste bus al weg?
Does this bus go to the centre/ beach/station?	Gaat deze bus naar het centrum/ strand/station?

Does it go near . . . ?	Komt deze bus in de buurt van . . . ?
Where can I get a bus to . . . ?	Waar kan ik een bus naar . . . vinden?
I want to go to . . .	Ik wil naar . . .
Where do I get off?	Waar moet ik uitstappen?
The bus/tram to . . . stops over there	*De bus/tram naar . . . stopt daar
You must take a number . . .	*U moet met de . . . gaan
You get off at the next stop	*U moet er bij de volgende halte uit
This bus runs every ten minutes/ every (half) hour	*Deze bus gaat iedere tien minuten/ieder (half) uur

By taxi

Please get me a taxi	Wilt u een taxi voor me roepen?
Where can I find a taxi?	Waar kan ik een taxi vinden?
Are you free?	Bent u vrij?
Please take me to the Central Hotel/the station/this address	Ik wil naar het Centraal Hotel/ het station/dit adres
Can you hurry, I'm late?	Zo vlug mogelijk, alstublieft, ik ben laat
I want to go through the centre	Ik wil door het centrum gaan

Please wait here for me	Wacht hier op mij, alstublieft
Stop here (a moment)	Kunt u hier (even) stoppen?
Is it far?	Is dat ver?
How much do you charge by the hour/for the day?	Wat rekent u per uur/per dag?
I'd like to go to . . . How much would you charge?	Ik wil naar . . . Hoeveel kost dat?
That's all right/too much	Dat is goed/teveel
I am not prepared to spend that much	Dat is mij teveel
How much is it?	Wat krijgt u van me?

Directions

Excuse me – could you tell me . . . ?	Pardon – kunt u mij zeggen . . . ?
Where is . . . ?	Waar is . . . ?
Is this the way to . . . ?	Is dit de goede weg naar . . . ?
Which is the road for . . . ?	Wat is de weg naar . . . ?
How far is it to . . . ?	Hoe ver is het naar . . . ?
How many kilometres?	Hoeveel kilometer?
How do we get on to the motorway to . . .	Hoe komen we op de rijksweg naar . . . ?
Which is the best road to . . . ?	Wat is de beste weg naar . . . ?
Is there a scenic route to . . . ?	Is er een interessante route naar . . . ?
Where does this road lead to?	Waar gaat deze weg heen?
Is it a good road?	Is dat een goede weg?
Will we get to . . . by evening?	Kunnen we voor donker in . . . komen?
Where are we now?	Waar zijn we nu?

What is the name of this place?	Hoe heet deze plaats?
Please show me on the map	Kunt u het op de kaart aanwijzen?
It's that way	*(Het is) die kant op
It isn't far	*Het is niet ver
Follow this road for 5 kilometres	*Volg deze weg vijf kilometer
Keep straight on	*Blijf rechtuit gaan
Turn right/left at the crossroads	*Bij het kruispunt rechtsaf/ linksaf gaan
Take the second road on the left	*Neem de tweede straat links
Turn right at the traffic-lights	*Bij het stoplicht rechtsaf
Turn left after the bridge	*Over de brug linksaf
The best road is . . .	*De beste weg is . . .
Take this road as far as . . . and ask again	*Volg deze weg tot . . . en vraag dan verder

Motoring

General

Have you a road map, please?	Hebt u een wegenkaart voor me?
Where is the nearest car park/garage?	Waar is de dichtstbijzijnde parkeerplaats/garage?
(How long) can I park here?	(Hoe lang) kan ik hier parkeren?
Is this your car?	*Is dit uw auto/wagen?
May I see your licence/logbook, please?	*Uw rijbewijs/autopapieren, alstublieft
How far is the next petrol station?	Hoe ver is het volgende benzinestation?

Car hire

Where can I hire a car?	Waar kan ik een auto huren?
I want to hire a small/large car	Ik wil graag een kleine/grote auto huren
I need it for two days/a week	Ik heb hem twee dagen/een week nodig
How much is it by the hour/day/week?	Wat kost een auto per uur/dag/week?
Does that include mileage?	Is de kilometerprijs inbegrepen?
The charge per kilometre is ...	*De prijs per kilometer is ...
Do you want full insurance?	*Wilt u een volledige verzekering?
How much is the deposit?	Wat is de borgsom?
May I see your driving licence?	*Mag ik uw rijbewijs zien?
Would you sign here, please?	*Wilt u hier even tekenen?
Can I return it in ...?	Kan ik hem terugbrengen in ...?
Could you show me the controls/lights, please?	Wilt u me even de werking/het licht demonstreren?

Road signs

Doodlopende weg	dead end
Doorgaand verkeer	through traffic
Douane	customs
Eenrichtings-verkeer	one way
Gevaar	danger
Gevaarlijke ...	dangerous ...
Groot licht	use headlights
Indien verkeerslichten branden	when traffic lights are in operation
Inhalen verboden	no overtaking
Langzaam	slow
Licht aan	lights on
Maximum snelheid	speed limit
Onbewaakte overweg	unguarded level crossing
Parkeren verboden	no parking
Pas op	caution/attention
Rechts houden	keep right
Rijwielpad	bicycles only
Slecht wegdek	bad road surface
Slipgevaar	danger of skidding
Steenslag	grit
Toegang verboden	no entry

Uitgang voor vrachtwagens	exit for lorries
Verkeerslichten	traffic lights
Voorsorteren	get in lane
Voorzichtig	drive with care
Wegversperring	road closed
Wegomlegging	diversion
Werk in uitvoering	road works ahead

At the garage or petrol station

. . . litres of standard/premium petrol, please	. . . liter benzine/super, alstublieft
. . . (money's worth) of petrol, please	Voor . . . gulden benzine, alstublieft
What is the price per litre?	Wat kost benzine per liter?
Fill it up	Vol, alstublieft
Please check the oil and water	Wilt u olie en water nakijken?
The oil needs changing	De olie moet ververst worden
Check the tyre pressure/battery, please	Wilt u mijn banden/accu nakijken, alstublieft?
Would you clean the windscreen, please?	Wilt u alstublieft de voorruit schoonmaken?
Please wash the car	Kunt u mijn auto wassen?

Can I garage the car here?	Kan ik mijn auto hier onder dak hebben?
What time does the garage close?	Wanneer sluit de garage?
Where are the toilets?	Waar is het toilet?

Repairs, etc.

My car has broken down	Mijn auto is kapot
May I use your phone?	Mag ik uw telefoon gebruiken?
Where is there a . . . agency?	Is hier ergens een . . . garage?
Have you a breakdown service?	Hebt u een sleepwagen?
Is there a mechanic?	Is er een monteur
Can you send someone to look at it/tow it away?	Kunt u iemand sturen om er naar te kijken/hem weg te slepen?
It is an automatic and cannot be towed	Het is een automaat, hij kan niet gesleept worden
Where are you?	*Waar bent u?
Where is your car?	*Waar is uw auto?
I am on the road from . . . to . . . near kilometre post . . .	Ik ben op de weg van . . . naar . . . bij kilometerpaal . . .
How long will you be?	Wanneer kunt u hier zijn?
The battery is flat, it needs charging	De accu is leeg, hij moet opgeladen worden

The tyre is flat, can you mend it?	Mijn band is lek, kunt u hem maken?
The valve/radiator is leaking	Het ventiel/de radiator lekt
I've lost my car key	Ik heb mijn auto-sleuteltje verloren
The lock is broken/jammed	Het slot is kapot/zit vast
My car won't start	Mijn auto wil niet starten
It's not running properly	Hij loopt niet goed
The engine is overheating	De motor loopt warm
Can you change this plug?	Kunt u deze bougie verwisselen?
There's a petrol/oil leak	Ik verlies benzine/olie
There's a smell of petrol/rubber	Het ruikt naar benzine/rubber
Something is wrong with my car/ the engine/the lights/the clutch/the gearbox/the brakes/ the steering	Er is iets mis met mijn auto/ motor/licht/koppeling/ versnelling/rem/stuur
There's a squeak/whine/rumble/ rattle	Het piept/giert/bromt/ratelt
It's a high/low noise	Het is een piep/brom geluid
It's intermittent/continuous	Het is afgebroken/onafgebroken
The carburettor needs adjusting	De carburateur moet bijgesteld worden
Can you repair it?	Kunt u het repareren?
How long will it take to repair?	Hoe lang duurt het repareren?
What will it cost?	Wat gaat het kosten?
When can I pick the car up?	Wanneer kan ik de auto halen?

I need it as soon as possible	Ik heb hem zo gauw mogelijk weer nodig
I need it in three hours/tomorrow morning	Ik moet hem over drie uur/ morgenochtend weer hebben
It will take two days	*Het duurt twee dagen
We can repair it temporarily	*We kunnen het tijdelijk repareren
We haven't the right spares	*We hebben de goede onderdelen niet
We have to send for the spares	*We moeten de onderdelen laten komen
You will need a new ...	*U hebt een nieuwe ... nodig
Could I have an itemized bill?	Kan ik een gespecificeerde rekening krijgen?

Parts of a car

accelerate (to)	gas geven	**khas** khayvĕn
accelerator	gaspedaal (*n*)	**khas**pĕdāl
adjust (to)	bijstellen	**by**stellĕn
anti-freeze	antivries	**an**teevrees
automatic transmission	automatische versnelling	ōtō**mā**teesĕ vĕrsnelling
axle (front, rear)	as (voor, achter)	as (vōr, akhtĕr)

battery	accu	akü
beam	lichtbundel	**likht**bĕndĕl
big end	drijfstangkop	**dryf**stangkop
blow (to)	doorslaan	**dōr**slān
blown *gasket or fuse*	doorgeslagen	**dōr**kheslākhĕn
blown *tyre*	gesprongen	khĕ**sprong**ĕn
bolt	bout	bowt
bonnet/hood	motorkap	**mō**tĕrkap
boot/trunk	kofferruimte	**kof**fĕrrœmtĕ
brake	rem	rem
disc brakes	schijfrem	**skhyf**rem
drum brakes	trommelrem	**trom**mĕlrem
footbrake	voetrem	**voot**rem
handbrake	handrem	**hant**rem
brake fluid	remvloeistof	**rem**vlooeestof
brake lights	remlicht (*n*)	**rem**likht
brake lining	remvoering	**rem**vooring
breakdown	pech	pekh
bulb	lampje	**lamp**jĕ
bumper	bumper	**bĕm**pĕr
camshaft	nokkenas	**nok**kenas
carburettor	carburateur	karbürātēr̄r
choke	choke	shōk
clean (to)	schoonmaken	**skhōn**mākĕn

clutch	koppeling	**kopp**ĕling
clutch plate	koppelingsplaat	**kopp**ĕlingsplāt
coil	bobine	bob**been**ĕ
condenser	condensator	konden**sā**tor
connecting rod	drijfstang	**dryf**stang
crank case	carter (n)	**kar**ter
crankshaft	krukas	**krĕk**as
cylinder (head)	cilinder (kop)	see**lin**dĕr (kop)
differential gear	differentiëel	diffĕrentsee**yayl**
dip stick	(olie)peilstok	(olee)**pyl**stok
distilled water	gedistilleerd water	khĕdistil**layrd** **wā**tĕr
distributor	verdeler	vĕr**day**lĕr
distributor cap	verdeelkap	vĕr**dayl**kap
door	deur	dēīr
doorhandle	deurknop	**dēīr**knop
drive (to)	rijden	**ry**dĕn
driver	bestuurder	bĕs**tür**dĕr
dynamo	dynamo	dee**nā**mō
electrical trouble	elektrische storing	aylek**tree**se **stor**ing
engine	motor	**mō**tĕr
exhaust pipe	uitlaatpijp	**œt**lātpyp
fan	ventilator	vent**eelā**tor
fanbelt	drijfriem	**dry**freem

(oil) filter	(olie) filter	ōlee filtĕr
flywheel	vliegwiel (n)	**vleekhweel**
foglamp	mistlamp	**mist**lamp
fuse	zekering	**zay**kĕring
gasket	pakking	**pak**king
gauge	meter	**may**tĕr
gear	versnelling	vĕr**snelling**
gear box	versnellingsbak	vĕr**snelling**sbak
gear lever	versnellingshandle	vĕr**snelling**shendĕl
grease (to)	doorsmeren	**dōr**smayrĕn
head gasket	koppakking	**kop**pakking
headlights	koplampen	**kop**lampĕn
heater	verwarming	vĕr**warm**ing
horn	toeter/claxon	**toot**'r/**klaxon**
hose	slang	slang
hub	naaf	nāf
ignition	ontsteking	ont**stay**king
ignition key	contactsleutel	kon**takt**slērtĕl
indicator	richtingaanwijzer	**rikh**tingānwyzĕr
inner tube	binnenband	**bin**nĕband
jack	krik	krik
lightbulb	lamp	lamp
lights (head, side, tail)	lampen (kop, zij, achter)	**lam**pĕn (kop, zy, **akh**tĕr)

lead *electr.*	draad/leiding	drāt/**lyding**
lock/catch	slot (*n*)	slot
mirror	spiegel	**spee**khĕl
number plate	nummerplaat	**nĕm**mĕrplāt
nut	moer	moor
oil	olie	ōlee
oil pressure	oliedruk	ōleedrĕk
overdrive	overdrive	ōvĕrdryf
parking lights	parkeerlichten	park**ayr**likhten
petrol	benzine	benzeenĕ
petrol can/pump/ tank	benzineblik/pomp/ tank	benzeenĕblik/pomp/ tenk
piston	zuiger	zœkhĕr
piston ring	zuigerveer	zœkhĕrvayr
(sparking) plug	bougie	boosyee
plug lead	bougiekabel	boosyeekābĕl
points	onderbrekerpunten	ondĕr**brayk**ĕrpĕntĕn
propeller shaft	cardan as	kar**dan** as
(fuel) pump	(benzine) pomp	benzeene pomp
puncture	lekke band	lekkĕ **band**
radial ply tyre	radiaalband	radeeyālband
radiator	radiator	radiātor
reverse (to)	achteruit rijden	akhtĕrœt rydĕn
reverse	achteruit	ackhtĕrœt

(sliding) roof	(schuif) dak	(skhœf)dak
seat	zitting	zitting
shaft	as	as
shock absorber	schokbreker	skhokbraykĕr
short circuit	kortsluiting	kortslœting
silencer	knalpot/knaldemper	knalpot/knaldempĕr
(plug) spanner	(bougie) sleutel	(boosyee)slērtĕl
spares	reserve-onderdelen	rĕservĕ ondĕrdaylĕn
spare wheel	reserve wiel (n)	rĕservĕ weel
speed	snelheid	snelhyt
speedometer	snelheidsmeter	snelhytsmayt'r
spring	veer	vayr
stall (to)	afslaan	afslān
starter	starter	startĕr
steering	besturing	bĕstüring
steering wheel	stuurwiel (n)	stürweel
sunroof	schuifdak (n)	skhœfdak
suspension	vering	vayring
switch	schakelaar	skhākĕlār
switch on/off (to)	in/uit schakelen	in/œt skhākĕlĕn
tank	(benzine) tank	benzeenĕtenk
tappets	kleplichters	kleplikhtĕrs
terminal	aansluitklem	ānslœtklem
timing chain	distributieketting	distreebütsee ketting

tools	gereedschap (*n*)	khĕ**rayt**skhap
trailer	aanhangwagen	**ān**hangwākhĕn
transmission	transmissie	trans**missee**
tube	buis	bœs
tube (*in tyre*)	binnenband	**binn**ĕbant
tyre	band	bant
tyre pressure	spanning van de banden	**span**ning van dĕ **ban**dĕ
valve	klep	klep
washer	sluitring	**slœ**tring
(distilled) water	(gedistilleerd) water	khĕdistil**layrd wā**tĕr
water circulation	wateromloop	**wā**tĕr-omlōp
water pump	water pomp	**wā**tĕr-pomp
wheel (front, rear)	wiel (*n*) (voor, achter)	weel (vōr, **akh**tĕr)
window	raam (*n*) /ruit	rām/rœt
windscreen	voorruit	**vōr**rœt
windscreen washers	ruitensproeiers	**rœ**tĕnsprooyĕrs
windscreen wipers	ruitenwissers	**rœ**tĕnwissĕrs

Accommodation

Booking a room

Rooms to let/vacancies	*Kamers te huur
No vacancies	*Vol
Have you a room for the night?	Hebt u een kamer voor één nacht?
I've reserved a room; my name is ...	Ik heb een kamer gereserveerd; mijn naam is ...
Can you suggest another hotel near here?	Is er een ander hotel hier dichtbij?
I want a single room with a shower/bath	Een éénpersoonskamer met douche/bad
We want a room with a double bed and a bathroom	Wij zoeken een kamer met een dubbel bed en een badkamer
Have you a room with twin beds?	Hebt u een kamer met twee bedden?
How long will you be staying?	*Hoe lang blijft u?

Is it for one night only?	*Is het maar voor één nacht?
I want a room for two or three days/a week/until Friday	Een kamer voor twee of drie dagen/een week/tot vrijdag
What floor is the room on?	Op welke verdieping is de kamer?
Is there a lift/elevator?	Is er een lift?
Have you a room on the first floor?	Hebt u een kamer op de eerste verdieping?
May I see the room?	Kan ik de kamer eerst zien?
I like this room, I'll take it	Ja, dat is goed, deze kamer neem ik
I don't like this room	Deze kamer bevalt me niet
Have you another one?	Hebt u een andere kamer?
I want a quiet room	Ik wil een rustige kamer
There's too much noise	Hier is teveel lawaai
I'd like a room with a balcony	Ik wil een kamer met een balkon
Have you a room looking on to the sea/street?	Hebt u een kamer die op zee/op de straat uitkijkt?
Is there a telephone/radio/television in the room?	Is er telefoon/radio/televisie op de kamer?
We've only a double room	*We hebben alleen een tweepersoonskamer
This is the only room vacant	*Dit is de enige kamer die vrij is
We shall have another room tomorrow	*Morgen komt een andere kamer vrij

The room is only available tonight	*De kamer is maar voor één nacht vrij
How much is the room per night?	Wat kost deze kamer per dag?
Have you nothing cheaper?	Hebt u niets voor een lagere prijs?
What do we pay for the child(ren)?	Hoeveel betalen we voor het kind (de kinderen)?
Could you put a cot in the room?	Kunt u een kinderbedje in de kamer zetten?
Are service and tax included?	Zijn bediening en B.T.W. (*bay-tay-way*) inbegrepen?
How much is the room without meals?	Wat kost de kamer zonder maaltijden?
How much is full board/half board?	Wat kost vol pension/half pension?
Is breakfast included in the price?	Is ontbijt in de prijs inbegrepen?
Do you have a weekly rate?	Hebt u een speciaal week-tarief?
Would you fill in the registration form, please?	*Wilt u het registratieformulier invullen?

In your room

Could we have breakfast in our room, please?	Kunnen we op de kamer ontbijten?
Please wake me at 8.30	Kunt u mij om half negen wekken?
There's no ashtray in my room	Er is geen asbak op mijn kamer
Can I have more hangers, please?	Hebt u nog een paar kleerhangers voor me?
Is there a point for an electric razor?[1]	Is er een stopcontact voor een scheerapparaat?
Where is the bathroom/the lavatory?	Waar is de badkamer/het toilet?
Is there a shower?	Is er een douche?
There is no towel/soap/water in my room	Er is geen handdoek/zeep/water op mijn kamer
There's no plug in my washbasin	Er is geen stop in mijn wasbak
There's no toilet paper in the lavatory	Er is geen toiletpapier in de w.c. (way-say)
The lavatory won't flush	De w.c. spoelt niet door
May I have the key to the bathroom, please?	Mag ik de sleutel van de badkamer hebben, alstublieft?
May I have another blanket/pillow?	Hebt u nog een deken/kussen voor me?
These sheets are dirty	Deze lakens zijn vuil

1. Voltage is the same throughout the country: 220 V at 50 cycles.

I can't open my window, please open it

Kunt u mijn raam openkrijgen, ik kan het niet

It's too hot/cold

Het is te heet/koud

Can the heating be turned up/ turned down/turned off?

Kan de verwarming hoger/ lager/uit gedraaid worden?

Come in!

Binnen!

Put it on the table, please

Wilt u het op de tafel zetten?

Can I have these shoes cleaned, please?

Kan ik mijn schoenen gepoetst krijgen?

Can I have a dress cleaned, please?

Kan ik een jurk laten stomen?

Can I have this suit pressed, please?

Kan ik dit pak laten persen?

When will it be ready?

Wanneer is het klaar?

It will be ready this afternoon/ tomorrow

*Het is vanmiddag/morgen klaar

At the porter's desk

The key for no. . . ., please

Sleutel voor nummer . . . alstublieft

Have you a map of the town/an amusement guide?

Hebt u een stadsplan/een theatergids?

Could you put this in the safe?

Wilt u dit in de kluis bewaren?

Are there any letters for me?

Is er post voor mij?

Are there any messages for me?	Zijn er boodschappen voor mij?
If anyone phones, tell them I'll be back at 5.30	Als iemand opbelt, wilt u dan zeggen dat ik om half zes terug ben?
Someone/no one telephoned	*Iemand/niemand heeft opgebeld
There's a lady/gentleman to see you	*Er is een dame/heer voor u
Please ask her/him to come up	Wilt u haar/hem vragen naar boven te komen?
I'm coming down	Ik kom naar beneden
Have you any writing paper/envelopes/stamps?	Hebt u schrijfpapier/enveloppen/postzegels?
Can you get me a babysitter, please?	Kunt u een babysitter voor me vinden?
Please send the chambermaid/waiter	Wilt u het kamermeisje/de kelner sturen?
I need a guide/an interpreter	Ik heb een gids/tolk nodig
Where is the dining room?	Waar is de eetkamer?
What time is breakfast/lunch/dinner?	Hoe laat is ontbijt/lunch/diner?
Is there a garage?	Is er een garage?
Is the hotel open all night?	Is het hotel de hele nacht open?
What time does it close?	Hoe laat sluit u?

Departure

I have to leave tomorrow	Ik vertrek morgen
Can we check out at . . . ?	Kunnen wc om . . . vertrekken?
Can you have my bill ready?	Wilt u mijn rekening klaarmaken?
I shall be coming back on Thursday/the 14th; can I book a room for that date?	Ik kom donderdag/de veertiende terug; kan ik voor die dag een kamer reserveren?
Could you have my luggage brought down?	Kunt u mijn bagage naar beneden laten brengen?
Please call/phone a taxi for me	Kunt u een taxi voor me roepen/bellen?
Thank you for all your trouble	Hartelijk dank voor al uw moeite

Meeting people

How are you/things?	Hoe maakt u het?/hoe gaat het?
Fine, thanks; and you?	Goed, dank u; en u?
May I introduce myself/...	Mag ik mezelf/... voorstellen
My name is ...	Mijn naam is ...
This is ...	Dit is ...
Have you met ...?	Kent u ...?
Glad to meet you	Hoe maakt u het?
What lovely/awful weather	Mooi weer, hè?/wat een weer!
Isn't it cold/hot today?	Koud/warm, hè, vandaag?
Do you think it's going to rain/ snow?	Denk u dat het gaat regenen/ sneeuwen?
Will it be sunny tomorrow?	Zou de zon morgen schijnen?
Am I disturbing you?	Stoor ik?
Leave me alone	Laat me met rust
Sorry to have troubled you	Het spijt me dat ik u lastig viel

Do you live/are you staying here?	Woont/logeert u hier?
Is this your first time here?	Bent u hier voor het eerst?
Do you like it here?	Bevalt het u/je hier?
Are you on your own?	Bent u/ben je alleen?
I am with my family/parents/a friend (girl friend)	Ik ben hier met familie/ mijn ouders/een vriend(in)
Where do you come from?	Waar komt u vandaan?
I come from . . .	Ik kom uit . . .
What do you do?	Wat voor werk doet u?
What are you studying?	Wat studeer je?
I'm on holiday/a (business) trip	Ik ben op vacantie/(zaken)reis
Would you like a cigarette?	Wilt u/wil je een sigaret?
Try one of mine	Neem er een van mij
They're very mild/rather strong	Ze zijn heel zacht/nogal zwaar
Do you have a light, please?	Hebt u/heb je een vuurtje?
Do you smoke?	Rookt u/rook je?
No, I don't, thanks	Nee, dank u/je wel
I have given it up	Ik ben er mee opgehouden
Help yourself	Help u/je zelf
Can I get you a (another) drink?	Wilt u (nog) iets drinken?
I'd like a . . ., please	Graag een . . .
No thanks, I'm all right	Nee dank u, ik ben nog voorzien

Going out

Are you waiting for someone?	Wacht u/je op iemand?
Are you doing anything tonight/ tomorrow afternoon?	Doet u/doe je iets vanavond/ morgen middag?
Could we have coffee/a drink somewhere?	Zullen we ergens koffie/een glaasje drinken?
Would you go out with me?	Kan ik u/je mee uit nemen?
Shall we go to the cinema/theatre/ beach?	Zullen we naar de bioscoop/een theater/het strand gaan?
Would you like to go dancing or go for a drive?	Zullen we gaan dansen of een ritje maken?
Do you know a good disco/ restaurant?	Weet u/je een goede disco/een goed restaurant?
Can you come to dinner/for a drink?	Kunt u komen eten/komt u een borrel drinken?
We're giving/there is a party – would you like to come?	We geven/er is een feestje/party – hebt u/heb je zin om te komen?
Can I bring a (girl) friend?	Mag ik een vriend(in) meebrengen?
Thanks for the invitation	Bedankt voor de uitnodiging
Where shall we meet?	Waar zullen we elkaar treffen?
What time shall I/we come?	Hoe laat zal ik/zullen we komen?
I could pick you up at . . .	Ik kan u om (time)/bij (place) oppikken

Could you meet me at (*time*) outside (*place*)?	Kunt u me om . . . bij . . . ontmoeten?
What time do you have to be back?	Hoe laat moet u/je terug zijn?
May I see you home?	Kan ik u/je thuisbrengen?
Can we give you a lift home/to your hotel?	Kunnen we u/je een lift geven naar huis/uw hotel
Can I see you again?	Kunnen we elkaar weer zien?
Where do you live?	Waar woont u/Waar woon je?
What is your telephone number?	Wat is uw/je telefoonnummer?
Do you live alone?	Woont u/woon je alleen?
Thanks for the evening/drink/ride	Bedankt voor de gezellige avond/borrel/rit
It was lovely	Het was heel fijn
Hope to see you again soon	Ik hoop u gauw weer te zien
See you soon/later/tomorrow	Tot gauw/straks/morgen

Restaurant

Going to a restaurant

Can you suggest a good/cheap/
vegetarian restaurant?

Kunt u me een goed/goedkoop/
vegetarisch restaurant
aanbevelen?

I'd like to book a table for four
at 1 o'clock

Kan ik een tafel reserveren voor
vier personen om één uur?

I've reserved a table; my name
is ...

Ik heb een tafel gereserveerd;
mijn naam is ...

We did not make a reservation

We hebben niet gereserveerd

Have you a table for three?

Hebt u een tafel voor drie?

Is there a table on the terrace/
by the window/in a corner?

Is er een tafel op het terras/bij
het raam/in een hoek?

You would have to wait about ...
minutes

*U zult een minuut of ...
moeten wachten

We shall have a table free in
half an hour

*Over een half uur hebben we
een tafel voor u

This way, please	*Deze kant op, alstublieft
We don't serve lunch until 12.30	*Wij zijn pas om half één open voor lunch
We don't serve dinner until 8 o'clock	*Wij zijn 's avonds pas om acht uur open
We stop serving at 11 o'clock	*Wij sluiten om elf uur
Where is the cloakroom/toilet?	Waar is de garderobe/het toilet?
It is downstairs/upstairs	*Beneden/boven

Ordering

Service charge	*Bediening(sgeld)
Service and V.A.T. (not) included	*Bediening en B.T.W. (niet) inbegrepen
Cover charge	*Bestek
Waiter/waitress *address*	Ober/juffrouw
May I see the menu/the wine list, please?	Mag ik het menu/de wijnkaart zien, alstublieft?
Is there a set menu for lunch?	Hebt u een dagkaart?
I want something light	Ik wil graag iets lichts
Do you have children's helpings?	Hebt u ook kinderporties?
What is your dish of the day?	Wat is de dagschotel?
We are in a hurry	We hebben haast
Do you serve snacks?	Hebt u iets dat vlug klaar is?

What do you recommend?

Wat kunt u aanbevelen?

Can you tell me what this is?

Kunt u me zeggen wat dit is?

What are the specialities of the restaurant/of the region?

Wat zijn de specialiteiten van dit restaurant/van deze streek?

You might like to try ...

*Probeert u ... eens

There's no more ...

*Er is/zijn geen ... meer

I'd like ...

Ik wil graag ...

Is it hot or cold?

Is dat warm of koud?

Where are our drinks?

Waar blijft ons bier/onze wijn?

Why is the food taking so long?

Waarom moeten we zo lang op het eten wachten?

This isn't what I ordered, I asked for ...

Dit heb ik niet besteld, ik heb om ... gevraagd

I don't want any oil/sauce with it

Zonder olie/saus, alstublieft

Some more bread, please

Hebt u nog wat brood voor me?

A little more, please

Een beetje meer, alstublieft

No, that's enough

Nee, dat is genoeg

This is bad/stale

Dit is bedorven/oud

This is undercooked/overcooked

Dit is niet gaar/te gaar

This is too cold/salty

Dit is te koud/zout

This plate/knife/glass (fork/spoon) is not clean

Dit bord/mes/glas (deze vork/lepel) is niet schoon

Paying

The bill, please	De rekening, alstublieft
Does it include service?	Is bediening inbegrepen?
Please check the bill – I don't think it's correct	Wilt u de rekening even nakijken, hij klopt niet, geloof ik
What is this amount for?	Waar is dit bedrag voor?
I didn't have soup	Ik heb geen soep gehad
I had chicken, not steak	Ik had kip, geen biefstuk
May we have separate bills?	Mogen we aparte rekeningen, alstublieft?
Do you take credit cards/ travellers' cheques?	Neemt u kredietkaarten/ reischeques?
Keep the change	Laat maar (zitten)

Breakfast[1] and tea

Breakfast	Ontbijt
What time is breakfast served?	Hoe laat is onbtijt?
A large white coffee, please	Koffie met melk, alsublieft
A black coffee	Een zwarte koffie

1. Dutch breakfast usually includes several kinds of bread and egg-rusk (*beschuit*), and a selection of cheese and cold meats as well as butter, jam, and coffee or tea. It is a much more elaborate affair than the average 'continental breakfast'.

A cup/pot of tea, please	Een kop/potje thee, alstublieft
I'd like tea with milk/lemon	Thee met melk/citroen, graag
May we have some sugar, please?	Mogen we een beetje suiker, alstublieft?
A roll and butter	Een broodje met boter
We'd like more butter, please	Nog wat boter, alstublieft
Have you some jam/marmalade?	Hebt u jam/marmelade?
I would like a hard-boiled/ soft-boiled egg	Mag ik een hard/zacht gekookt ei?
What fruit juices have you?	Wat voor vruchtensap hebt u?
Orange/grapefruit/tomato juice	Sinaasappel/grapefruit/tomaten sap
White/brown/wholemeal bread	Wit/bruin/volkoren brood
Pumpernickel, dark rye bread	Roggebrood
Honey cake	Ontbijtkoek
Cheese[1]	Kaas
Chocolate vermicelli	Hagelslag
Drinking chocolate	Chocolade(melk)
Poached egg	Zakei/gepocheerd ei
Scrambled egg	Roerei

1. Dutch cheese comes in three main varieties: *Gouda*, round and flat, and *Edam*, spherical and often red-coated, have become almost indistinguishable in this machine age; *Leiden* has cumin seeds and *Boeren-Leidse* is spiced more subtly. All Dutch cheeses are sold in at least three age-groups (which make a remarkable difference to texture and taste): *jong, belegen* and *oud*, meaning young, mature and old. Processed cheese is often called *korstloze kaas* (rindless cheese) and cheese spread is *smeerkaas*.

Honey	Honing
Pastry[1]	Gebak
Peanut butter	Pindakaas
Porridge	Havermout(pap)
Egg rusk	Beschuit
(Apple)syrup	(Appel)stroop

Snacks and picnics

Can I have a . . . sandwich, please?	Een broodje met . . . alstublieft (*see list, p. 87*)
What are those things over there?	Wat zijn dat voor dingen?
What is in them?	Wat zit er in?
I'll have one of these, please	Een van deze, alstublieft

Almond bun	Amandelbroodje
Beefburger	Hamburger
Biscuits	Biscuit
Bread	Brood
Butter	Boter
Cheese	Kaas
Chips	Patates (frites)

1. For names of cakes and pastry, see pp. 98–9.

Chocolate bar	Chocoladereep
Crisps	Chips
Egg(s)	Ei(eren)
Fried eggs on roast beef/ham, usually with pickle	Uitsmijter ros/ham
Ham	Ham
Ice-cream	IJs
Pancakes	Pannekoeken
Dollar pancakes	Poffertjes
Pickles	Zuur
Roll	Broodje
Salad	Sla
Sausage	Worst
Sausage roll	Saucijzebroodje
Snack	Hapje
Snack bar	Snack bar
Soft drink	Frisdrank
Soup	Soep
Tomato	Tomaat
Waffles	Wafels

BROODJES[1]	DUTCH SANDWICHES (ROLLS)
Broodje (met)	Roll (with)
croquet (vlees/kaas/ garnalen/vis)	deep-fried croquette (with filling of meat/cheese/ shrimps/fish)
fricandeau	roast pork
gehakt	(cold) meat ball
gelderse worst	smoked sausage
halfom	salt beef and larded cooked liver
lever	boiled larded liver
leverworst	liver sausage
meikaas	soft white cheese
paling	smoked eel
pekelvlees	salt beef/silverside
tartaar met/zonder uitjes	raw minced steak with/ without chopped onion
warme worst	hot sausage

1. The sandwich-shop (*broodjeswinkel*), which sells a large variety of fresh rolls with usually generous helpings of cooked meats and sausages, is a great favourite for lunchtime eating. They also sell soup, coffee and soft drinks, no alcoholic beverages.

Drinks[1]

Pub	Café[2]
What will you have to drink?	Wat wilt u drinken?
Do you serve wine by the glass?	Hebt u open wijn/schenkwijn?
Carafe/glass	Karaf/glas
Bottle/half bottle	Fles/halve fles
Two glasses of lager/dark ale, please	Twee glazen pils/donker bier, alstublieft
Large/small beer	Grote/kleine pils
Two more beers	Nog twee pils
Neat	Plain/zonder iets
On the rocks	Met ijs
With (soda) water	Met (soda) water
Mineral water (with/without gas)	Mineraalwater (wel/niet mousserend)
Cheers!	Proost!
I'd like a glass of water, please	Mag ik een glas water, alstublieft?
The same again, please	Nog eens, alstublieft
Three black coffees and one with milk/cream	Drie zwarte koffie en één met melk/room

1. For the names of beverages see p. 100.
2. The Dutch café is both pub and coffee house; opening times are anything between 10.00 and midnight (market areas open earlier, the bigger towns close later on Saturdays).

Tea with milk/lemon   Thee met melk/citroen

May we have an ashtray?   Hebt u een asbak voor ons?

Restaurant vocabulary

ashtray	asbak	**as**bak
bill	rekening	**ray**kĕning
bowl	kom	kom
bread	brood (*n*)	brōt
butter	boter	**bō**tĕr
cigarettes	sigaretten	seekhā**rett**ĕ
cloakroom	garderobe	khardĕ**rob**ĕ
course *dish*	gang	khang
cream (single/whipped)	room/slagroom	rōm/**slakh**rōm
cup	kop	kop
fork	vork	**vor**rĕk
glass	glas (*n*)	khlas
hungry (to be)	honger hebben	**hong**ĕr-hebbĕ
knife	mes (*n*)	mes
matches	lucifers	**lü**seefers
menu	menu (*n*)	mĕnü
mustard	mosterd	**mos**tĕrt

napkin	servet	servet
oil	olie	ōlee
pepper	peper	paypĕr
plate	bord (*n*)	bort
salt	zout (*n*)	zowt
sauce	saus	sows
saucer	schotel	skhōt'l
service	bediening	bĕdeening
spoon	lepel	layp'l
table	tafel	tāfĕl
tablecloth	tafellaken (*n*)	tāfellākĕ
terrace	terras (*n*)	terras
thirsty (to be)	dorst hebben	dorst hebbĕn
tip	fooi	fōee
toothpick	tandenstoker	tandĕstōkĕr
vegetarian	vegetarisch	vaykhĕtārees
vinegar	azijn	āzyn
waiter	kelner	kelnĕr
waiter *address*	ober	ōbĕr
waitress	dienster	deenstĕr
waitress *address*	juffrouw	jĕfrow
water	water (*n*)	wātĕr

The menu

VOORGERECHTEN	HORS D'ŒUVRES
champignons (op toast)	fried mushrooms (on toast)
garnalen/krab/kreeftencocktail	shrimp/crab/lobster cocktail
gerookte paling/zalm/forel	smoked eel/salmon/trout
haringsla	herring fillet with apple and potato salad, hard-boiled egg, pickled onions and mayonnaise
huzarensalade	salad of cold meat, apple, potato and hard-boiled egg
kalfs(vlees)pasteitje	vol-au-vent with veal ragoût
(gemengd) koud vlees	cold meat platter
oesters	oysters
russische eieren	hard-boiled eggs with anchovy, capers and mayonnaise
zalmschelp	salmon in mayonnaise with chopped carrots, aspic, peas

SOEP	SOUP
aspergesoep	asparagus
bahmi soep	vegetables and noodles
bouillon	stock/broth
champignonsoep	mushroom

erwtensoep met worst/kluif	green pea with smoked sausage/meat
gebonden soep	thick or cream soup
groentesoep	vegetable
heldere soep	clear soup
juliennesoep	vegetable
kippesoep	chicken broth
koninginnesoep	chicken soup bound with egg yolk and cream
ossestaartsoep	oxtail
schildpadsoep	turtle
soep van de dag	soup of the day
tomatensoep	tomato
vermicellisoep	chicken broth with vermicelli

VIS	FISH
baars	bass (usually freshwater)
bokking	bloater
(tar)bot	turbot
forel	trout
garnalen	shrimps/prawns
nieuwe/zoute haring	raw/salted herring
kabeljauw	cod
karper	carp

koolvis	coley
kreeft	lobster
makreel	mackerel
mosselen	mussels
paling	eel
schar	flounder
schelvis	haddock
schol	plaice
snoek	pike
spiering	whitebait
tong	sole
wijting	whiting
zalm	salmon

VLEES (GERECHTEN)	MEAT (DISHES)
biefstuk (hollandse)	steak
(duitse)	hamburger
blinde vinken	escalopes stuffed with minced meat
bloedworst	black pudding
fricandeau	knuckle or leg cut
gehakt	minced meat
gehaktballen	meatballs

haché	chopped meat cooked with onions and flour in stock and vinegar
hersenen	brains
hoofdkaas	brawn
jachtschotel	mash of meat, potato, onion, apple, cooked in the oven
kalfsbiefstuk	veal steak
kalfslapje	fillet of veal
kalfsoesters	eye of the veal fillet
kalfsvlees	veal
karbonade	chop
klapstuk	flank
kotelet	cutlet
lam(svlees)	lamb
lende	loin
lever	liver
nieren	kidneys
ossehaas	fillet of beef
riblap	cut from the loin
rollade	rolled roast
rookworst	smoked sausage/boiling ring
runderlap	rump steak
spek	fat kind of bacon
(osse) tong	(ox) tongue

varkenskarbonade	pork chop/cutlet
varkenshaas	pork fillet

WILD EN GEVOGELTE   GAME AND POULTRY

eend	duck
fazant	pheasant
gans	goose
haan	cock
haas	hare
hazepeper	jugged hare
kalkoen	turkey
kip	chicken
(duin) konijn	(wild) rabbit
patrijs	partridge
piepkuiken	spring chicken
ree bout/rug	venison steak/saddle

GROENTE   VEGETABLES

aardappelen	potatoes
andijvie	a sort of endive
augurk	gherkin
biet	beetroot
bloemkool	cauliflower
boerenkool	curly kale

bruine/witte bonen	brown/white beans
cantharellen	chanterelle (a sort of mushroom)
capucijners	brown peas
champignons	mushrooms
doperwten	petits pois
erwten	green peas
(pommes) frites	chips
hete bliksem	mash of potatoes and small red cooking apples
hutspot	mash of potato, carrot and onion
knoflook	garlic
komkommer	cucumber
groene/rode/witte/spits kool	green/red/white/chinese cabbage
(brussels) lof	chicory
noedels	noodles
peterselie	parsley
peulen	sugar peas, mange-tout
peulvruchten	any beans or peas
prei	leek
radijs	radish
rijst	rice
schorseneren	salsify
bleek/knol/blad selderij	celery/celeriac/celery herb
sla	lettuce

slabonen	French beans
snijbonen	runner beans
sperciebonen	French/green beans
spinazie	spinach
spruitjes	(Brussels) sprouts
stamppot	any mash of potato and a vegetable
stoofsla	lettuce (cooked in butter or water)
tomaten	tomatoes
tuinbonen	broad beans
uien	onions
venkel	fennel
wortelen	carrots
zuurkool	sauerkraut

NAGERECHTEN	DESSERTS
appelbeignets	apple fritters
drie in de pan	small pancakes
flensjes	thin pancakes/crêpes
kaas	cheese
pannekoeken	pancakes
boerepannekoek	pancakes with onion, bacon, sometimes vegetables
spekpannekoek	pancake with fat bacon cooked in it

poffertjes	a kind of dollar pancakes served with butter and powdered sugar
griesmeel/chocolade pudding	semolina/chocolate milk pudding (cold, set in form)
(slag)room	(whipped) cream
vla	milk pudding
vruchtensla	fruit salad
wafels	wafers
wentelteefjes	French toast

GEBAK	PASTRY
amandelbroodje	almond bun
appelbol	apple cake
appelgebak	strudel
beignet	fritter
boterkoek	a sort of shortbread
gemberkoek	ginger cake
gevulde koek	round cake with ground-almond filling
koekjes	biscuits
krentenbol/brood	raisin bun/loaf
mokkapunt	mocca-flavoured cream cake
roomhoren/soes	cream-filled horn/bun
roomtaart	cream cake

tompoes	mille-feuille
vlaai	shallow open fruit pastry
vruchtengebak	fruit tart
ijstaart	ice-cream gâteau

FRUIT EN NOTEN	FRUIT AND NUTS
aardbei	strawberry
abrikoos	apricot
amandelen	almonds
ananas	pineapple
appel	apple
banaan	banana
rode/witte/zwarte bessen	red/white/black currants
bosbessen	blueberries
bramen	blackberries
citroen	lemon
dadel	date
druif	grape
framboos	raspberry
gember	ginger
hazelnoot	hazelnut
kastanjes	chestnuts
kers	cherry
kokosnoot	coconut

krent	currant
kruisbes	gooseberry
mandarijn	tangerine
morel	morello cherry
peer	pear
perzik	peach
pinda	peanut
pruim	plum/prune
rabarber	rhubarb
Reine-Claude	greengage
rozijn	raisin
sinaasappel	orange
vijg	fig
vossebes	cranberry
walnoten	walnuts

DRANKEN

DRINKS

bier[1]	beer
donker (bier)	dark beer, like brown ale
boerenjongens	raisins in 'brandewijn'
borrel	generic term for a drink, but most commonly referring to 'jenever'

1. Dutch beer is different from the more common varieties of English beer. The basic kind is *pils*, known in England as lager; *donker* (*bier*) comes close to brown ale; *bokbier* is very dark and very sweet. Stouts can now be had in many places too.

brandewijn	a clear currant spirit
chocola(demelk)	hot cocoa
citroenjenever	gin flavoured with lemon
cognac	brandy
frisdranken	non-alcoholic beverages, soft drinks
oude/jonge jenever	mature/young grain spirit, commonly known as 'Dutch gin' but to be drunk strictly on its own, never mixed in a long drink
karnemelk	buttermilk
koffie	coffee (with milk)
zwarte koffie	black coffee
koffie met (slag) room	coffee with (whipped) cream
limonade	generic term for fruit squash
melk	milk
met ijs	with ice
mineraalwater	mineral water
pils	lager
appel/sinaasappel/tomaten sap	apple/orange/tomato juice
spiritualiën	alcoholic beverages
thee met citroen/milk	tea with lemon/milk
vruchtensap	fruit juice
warme dranken	hot drinks

water	water
wijn	wine
wit/rood/rosé	white/red/rosé
droog/zoet	dry/sweet
bitterballen	deep-fried ragoût balls
kaasstokjes	cheese-flavoured biscuits
zoutjes	salt biscuits

RIJSTTAFEL	INDONESIAN SPECIALITIES
ajam	chicken
asem	tamarind
asin	salt
ati	liver
babi	pork
ba(h)mi	noodles with meat or chicken and vegetables
boemboe	spices
daging	beef
dendeng	spiced dried meat
djintan	ground cumin
gado gado	vegetables in peanut sauce
goreng	fried
ikan	fish
katjang	peanut

ketimoen	cucumber
ketjap	a soy sauce
ketoembar	coriander
klappa/klapper	coconut
kroepoek	(prawn) crackers
laos	a gingery root
loempia	spring rolls
mie	noodles
nasi	rice
nasi djawa	'Javanese rice', a miniature 'rijsttafel'
nasi goreng	fried rice with meat or chicken and vegetables
nasi koening	'yellow rice', another miniature 'rijsttafel'
nasi rames	one-plate 'rijsttafel'
oedang	shrimp
pedis	hot, very spicy
pisang	banana
rijsttafel	an enormous feast of from fifteen to twenty-five separate small dishes, eaten with plain boiled rice – drink jasmin or another Chinese tea with it, lager if you must, but never wine

sajoer	a vegetable 'soup' which is the base of many other dishes
sambal	condiment made of hot red peppers – the straight boiled variety is red and known as *oelek*, others are afterwards fried with a variety of spices and nuts: they are all brown, and the most common ones are *badjak, kemirie, manis, roedjak* and *serdadoe*
sateh	meat grilled on small skewers (kebab)
seroendeng	shredded coconut, spiced and fried
taugeh	bean sprouts
telor	egg
trassi	paste of rotted sun-dried shrimp

SOME COOKING METHODS AND SAUCES

blauw gekookt	au bleu
(in de oven) gebakken	baked
gekookt	boiled
gesmoord	braised
gedroogd	dried
(in diep vet) gebakken	(deep) fried
geraspt	grated

gegrilld	grilled
gemarineerd	marinated
vlees – rood	meat – rare
half doorbakken	medium
doorbakken	well-done
gemarineerd/ingelegd	pickled (fish/vegetable)
gepocheerd	poached
puree van ...	pureed/creamed ...
rauw	raw
gebraden	roast
gerookt	smoked
gestoomd	steamed
gestoofd	stewed
gevuld	stuffed
in gelei	in aspic
warm/koud	hot/cold
zure saus	white sauce with egg and vinegar
roomsaus	plain white sauce made with cream
hollandse saus	milk-and-egg sauce
mousseline	extra rich 'hollandse saus'

Shopping[1] and services

Where to go

Which is the best . . .?	Wat is de/het beste . . .?
Where is the market?	Waar is de markt?
Is there a market every day?	Is er iedere dag markt?
Where's the nearest . . .?	Is hier ergens een . . .?
Can you recommend a good . . .?	Weet u misschien een goede . . .?
Where can I buy . . .?	Waar kan ik . . . kopen?
When do the shops open/close?	Hoe laat gaan de winkels open/dicht?

Antique shop	Antiekwinkel/ Antiquiteiten handel	**anteek**winkĕl/ anteekee**tyt**ĕn handĕl

1. Shops are usually open Monday to Saturday 9.00–18.00; in small towns they may close for lunch 13.00–14.00. Each town has a half-day early closing which varies from place to place. Most towns have one late-night shopping day each week.

Baker	Bakker	**bak**kĕr
Barber (see p. 117)	(Heren)kapper	(**hay**rĕn)**kap**pĕr
Bookshop	Boekhandel	**book**hand'l
Butcher (see p. 93)	Slager	**slā**khĕr
Chemist[1] (see p. 112)	Apotheek/Drogist	ap**pō**tayk/drō**khist**
Confectioner (see p. 98)	Banketbakker	banket**bak**kĕr
Dairy	Melkhandel	**melk**handĕl
Department store (see pp. 108 and 114)	Warenhuis	**wā**renhœs
Dry cleaner (see p. 119)	Chemische wasserij	**khay**meesĕ wassĕry
Fishmonger (see p. 92)	Vishandel	**vis**handĕl
Florist	Bloemenwinkel	**bloo**mĕnwinkĕl
Greengrocer (see pp. 95 and 99)	Groentewinkel	**khroon**tĕwinkĕl
Grocer (see p. 116)	Kruidenier	krœdĕ**neer**
Hairdresser (see p. 117)	(Dames)kapper	(**dā**mĕs) **kap**pĕr
Hardware store (see p. 118)	IJzerhandel	**yzĕr**handĕl
Jeweller	Juwelier	yüway**leer**
Launderette	Wasserette	wassĕ**ret**
Laundry (see p. 119)	Wasserij/Stomerij	**was**sĕry/**stō**mĕry

1. A *drogist* sells toilet goods, etc.; an *apotheek* is usually a dispensing chemist only.

Liquor/Wine store (see p. 100)	Wijnhandel	**wyn**hand'l
Optician	Opticien	optee**shen**
Shoemaker	Schoenmaker	**skhoon**mākĕr
Shoe shop (see p. 114)	Schoenwinkel	**skhoon**ĕwinkĕl
Stationer	Kantoorboekhandel	kant**ō**rbookhandĕl
Supermarket	Supermarkt	**sü**pĕrmarrĕkt
Tobacconist	Sigarenwinkel	seeg**ā**rĕnwinkĕl
Toy shop	Speelgoedwinkel	**spayl**khootwinkĕl

In the shop

Self service	*Zelfbediening
Sale (clearance)	*Opruiming/uitverkoop
Cash desk	*Kassa
Shop assistant	Verkoper/Verkoopster
Manager	Chef
Can I help you?	*Kan ik u helpen/Wat mag het zijn?
I want to buy ...	Ik zoek ...
Do you sell ...?	Hebt u ...?/Verkoopt u ...?
I just want to look around	Ik kijk alleen maar
I don't want to buy anything now	Ik zoek niets bepaalds op het ogenblik

Could you show me . . . ?	Kunt u me . . . laten zien?
We do not have that	*Dat hebben we niet
You'll find them at that counter	*Die vindt u aan die toonbank
We've sold out but we'll have more tomorrow/next week	*Op het moment hebben we dat niet, maar we krijgen het morgen/volgende week weer
Anything else?	*Anders nog iets?
That will be all	Dat is alles
Will you take it with you?	*Wilt u het meenemen?
I will take it with me	Ik neem het gelijk mee
Please send them to this address/hotel . . .	Wilt u het sturen naar dit adres/naar hotel . . .

Choosing

I want something in leather/green	Ik zoek iets in leer/groen
I need it to match this	Het moet hier bij passen
I like the one in the window	Die in de etalage leek me goed
Could I see that one, please?	Mag ik die zien, alstublieft?
I like the colour but not the style	De kleur bevalt me wel, maar de snit niet
I want a darker/lighter shade	Ik wil een donkerder/lichtere kleur
I need something warmer/thinner	Ik zoek iets warmers/dunners

Do you have one in another colour/size?	Hebt u dit in een andere kleur/maat?
Have you anything better/ cheaper?	Hebt u niet iets beters/ goedkopers?
How much is this?	Wat kost dit?
That is too much for me	Dat is mij te duur
What's it made of?	Wat voor materiaal is dit?/Waar is het van gemaakt?
What size is this?	Welke maat is dit?
Have you a larger/smaller one?	Hebt u een grotere/kleinere?
I take size[1] ...	Ik draag maat ...
The English/American size is ...	De engelse/amerikaanse maat is ...
My collar size is ...	Mijn boordmaat is ...
My chest measurement is ...	Mijn borstwijdte is ...
My waist/hip measurement is ...	Mijn taille/heup wijdte is ...
Can I try it on?	Kan ik het passen?
It's too short/long/tight/loose	Het is te kort/lang/nauw/wijd

Colours

beige	beige	**beshě**
black	zwart	zwart
blue	blauw	blow

1. See p. 115 for continental sizes.

brown	bruin	brœn
gold	goud(kleurig)	khowd(klē̄r̄rĕkh)
green	groen	khroon
grey	grijs	khrys
mauve	lila	**leelā**
orange	oranje	**oranyĕ**
pink	roze	**rozĕ**
purple	paars	pārs
red	rood	rōt
silver	zilver(kleurig)	**zil**vĕr(klē̄r̄rĕkh)
white	wit	wit
yellow	geel	khayl

Complaints

I want to see the manager	Kan ik de chef spreken?
I bought this yesterday	Ik heb dit gisteren gekocht
It doesn't work/fit	Het werkt/past niet
This is dirty/stained/torn/ broken/bad	Het is vuil/gevlekt/gescheurd/ kapot/slecht
Will you change it please?	Kan ik het ruilen?
Will you refund my money?	Kunt u me mijn geld teruggeven?
Here is the receipt	Hier is de bon

Paying

How much is this?	Wat kost dit?
That's 10 guilders, please	*Dat is tien gulden, alstublieft
They are 80 cents each	*Die kosten tachtig cent per stuk
How much does that come to?	Hoeveel is dat bij elkaar?
That will be ...	*Dat is dan ...
Can I pay with English/American currency?	Kan ik met engels/amerikaans geld betalen?
Do you take credit cards/travellers' cheques?	Neemt u kredietkaarten/ reischeques?
Please pay the cashier	*Wilt u aan de kassa betalen, alstublieft?
May I have a receipt, please?	Mag ik de rekening/een bonnetje hebben?
You've given me too little/too much change	*U hebt me te weinig/te veel teruggegeven

Chemist[1]

Can you prepare this prescription for me, please?	Kunt u dit recept voor me maken, alstublieft?

1. You go to an *apotheek* for prescriptions, to a *drogist* for toilet requisites and most patent medicines.

Have you a small first-aid kit?	Hebt u een klein verbandtrommeltje?
I want some aspirin/sun cream (for children)	Ik zoek aspirine/zonnebrandcreme (voor kinderen)
A tin of adhesive plaster	Een rolletje pleister/pakje Hansaplast
Can you suggest something for indigestion/constipation/diarrhoea?	Hebt u iets tegen indigestie/verstopping/diarrhee?
I want something for insect bites	Ik zoek iets tegen muggenbeten
Can you give me something for sunburn?	Hebt u een zonnebrandolie?
I want some throat lozenges/stomach pills/antiseptic cream	Ik zoek keeltabletten/maagtabletten/zalf
Do you have sanitary towels/tampons/cotton wool?	Hebt u maandverband/tampons/watten?
I need something for insect bites/a hangover/travel sickness	Ik zoek iets tegen insectenbeten/een kater/reisziekte

Toilet requisites

A packet of razor blades, please	Een pakje scheermesjes, alstublieft
Have you got . . . after-shave lotion?	Hebt u after-shave van . . .
How much is this lotion?	Wat kost deze lotion?

A tube of toothpaste, please	Een tube tandpasta, alstublieft
Give me a box of paper handkerchiefs, please	Een doos papieren zakdoeken/ Kleenex, alstublieft
I want some eau-de-cologne/ perfume	Ik zoek eau-de-cologne/parfum
What kinds of soap have you?	Wat voor soorten zeep hebt u?
A bottle/tube of shampoo, please, for dry/greasy hair	Een flesje/tube shampoo, alstublieft, voor droog/vettig haar
Do you have any suntan oil/ cream?	Hebt u zonnebrand olie/creme?

Clothes and shoes[1]

I want a hat/sunhat	Ik zoek een hoed/zonnehoed
I'd like a pair of gloves/shoes/ sandals	Ik zoek een paar handschoenen/ schoenen/sandalen
Can I see some dresses/trousers, please?	Waar vind ik jurken/ broeken?
Where is the underwear/ haberdashery/coats department?	Waar is de afdeling ondergoed/ fournituren/jassen?
Where are beach clothes?	Waar vind ik badkleding?
The men's department is on the first/second floor	*De heren-afdeling is op de eerste/tweede verdieping

1. See p. 115 for continental sizes.

I want a short/long sleeved shirt, collar size . . .	Ik zoek een overhemd met korte/lange mouwen, boordmaat . . .
Where can I find socks/stockings?	Waar vind ik sokken/kousen?
I am looking for a blouse/bra/ dress/jumper	Ik zoek een blousc/b.h. (*bay hā*)/ jurk/jumper
I need a coat/raincoat/jacket	Ik zoek een jas/regenjas/jasje
Do you sell buttons/elastic/zips?	Hebt u knopen/elastiek/ritsen?
I need a pair of walking shoes/ sandals/black shoes	Ik zoek een paar wandelschoenen/ sandalen/zwarte schoenen
These heels are too high/too low	Deze hakken zijn te hoog/te laag

Clothing sizes

WOMEN'S DRESSES, ETC.

British	32	34	36	38	40	42	44
American	10	12	14	16	18	20	22
Continental	30	32	34	36	38	40	42

MEN'S SUITS

British and American	36	38	40	42	44	46
Continental	46	48	50	52	54	56

MEN'S SHIRTS

British and American	14	14½	15	15½	16	16½	17
Continental		36	37	38	39	41	42	43

SHOES

British	1	2		3	4	5	6		7	8	9	10	11	12
American	2½	3½		4½	5½	6½	7½		8½	9½	10½	11½	12½	13½
Continental	33	34–5		36	37	38	39–40	41	42	43	44	45	46

This table is only intended as a rough guide since sizes vary from manufacturer to manufacturer.

Food[1]

Give me a kilo/half a kilo of . . ., please	Een kilo/een halve kilo . . ., alstublieft
Can I have a quarter of . . .	Mag ik honderd gram . . .
I want some sweets/chocolate	Ik wou wat snoepjes/chocola
A bottle of milk/beer/wine/ fruit juice	Een fles melk/bier/wijn/ vruchtensap
Is there anything back on the bottle?	Is er statiegeld op de fles?

1. See also the various MENU sections (p. 91 onwards) and WEIGHTS AND MEASURES (p. 163).

I want a jar/tin/packet of ...	Hebt u een fles/blik/doos ...
Do you sell frozen foods?	Verkoopt u ook diepvries?
These pears are too hard/soft	Deze peren zijn te hard/zacht
Is it fresh?	Is het vers?
Are they ripe?	Zijn ze rijp?
This is bad/stale	Dit is bedorven/oud
A loaf of white/brown bread, please	Een wit/bruin brood, alstublieft
How much a kilo/a litre/a piece?	Wat kost dit per kilo/liter/stuk?

Hairdresser and barber

May I make an appointment for tomorrow/this afternoon?	Kan ik een afspraak maken voor morgen/vanmiddag?
What time?	*Hoe laat?
I want my hair cut/trimmed	Ik wil mijn haar laten knippen/een beetje laten bijknippen
Not too short at the sides	Niet te kort opzij
I'll have it shorter at the back, please	Wat korter van achteren, alstublieft
I want my hair washed and set	Wassen en watergolven, alstublieft
Please set it without rollers/on large rollers/on small rollers	Zet u het alstublieft zonder krulspelden/op grote rollen/op kleine rollen

Please do not use any hairspray	Wilt u alstublieft geen haarlak gebruiken?
I want a dark/light rinse	Ik wou graag een donkere/lichte spoeling
I'd like it set this way, please	Kunt u het alstublieft zó doen?
The water is too cold/hot	Het water is te koud/heet
The dryer is too hot	De droger is te heet
Thank you, I like it very much	Zo is het heel goed, dank u wel
I want a shave/manicure	Scheren/manicure, alstublieft

Hardware

Where is the camping equipment?	Waar is de kampeerafdeling?
Do you have a battery for this?	Hebt u hier een batterij voor?
Where can I get butane gas/paraffin?	Waar kan ik butagas/petroleum krijgen?
I need a bottle opener/tin opener/corkscrew	Ik had graag een flesopener/blikopener/kurketrekker
A small/large screwdriver	Een kleine/grote schroevendraaier
I'd like some candles/matches	Ik wou graag wat kaarsen/lucifers
I want a flashlight/(pen) knife/pair of scissors	Ik zoek een zaklantaarn/(zak)mes/schaar
Do you sell any string/rope?	Hebt u touw?

Where can I find washing-up liquid/scouring powder/soap pads?	Waar vind ik afwasmiddelen/schuurpoeder/pannesponzen?
Do you have a dishcloth/brush?	Hebt u een theedoek/borstel?
I need a groundsheet/bucket/frying pan	Ik zoek een grondzeil/emmer/koekepan

Laundry and dry cleaning

Where is the nearest launderette/dry cleaner?	Is er een wasserette/chemische wasserij in de buurt?
I want to have these things washed/cleaned	Ik wil deze dingen laten wassen/chemisch laten reinigen
These stains won't come out	Ik krijg deze vlekken er niet uit
Can you get this stain out?	Kunt u deze vlek er uit krijgen?
It is coffee/wine/grease	Het is koffie/wijn/vet
It only needs to be pressed/ironed	Dit hoeft alleen maar geperst/gestreken te worden
This is torn; can you mend it?	Dit is gescheurd; kunt u het maken?
Do you do invisible mending?	Kunt u ook onzichtbaar stoppen?
There's a button missing	Hier is een knoop af
Can you sew on a button here, please?	Kunt u hier een knoop aanzetten, alstublieft?

Can you put in a new zip please?	Kunt u hier een nieuwe rits inzetten?
When will they be ready?	Wanneer is het klaar?
I need them by this evening/tomorrow	Ik heb dit vanavond/morgen nodig
Call back at/after 5 o'clock	*U kunt het om/na vijf uur halen
We can do it by Tuesday	*Het kan dinsdag klaar zijn
It will take three days/two hours	*Dat duurt drie dagen/twee uur

Newspapers, writing materials and records

Do you sell English/American newspapers/magazines?	Hebt u engelse/amerikaanse kranten/tijdschriften?
Can you get this magazine for me?	Kunt u me aan het tijdschrift ...helpen?
Where can I get the ...?	Waar kan ik ... krijgen?
I want a map of the city/a road map	Ik zoek een plattegrond van de stad/een wegenkaart
Do you have any English books?	Hebt u ook engelse boeken?
Have you any novels by ...?	Hebt u misschien boeken van...?
I want some coloured postcards	Ik zoek gekleurde prentbriefkaarten
I want some plain postcards/letter paper	Ik zoek briefkaarten/postpapier

Do you sell souvenirs/toys?	Verkoopt u ook souveniers/ speelgoed?
Are there any new records by . . .?	Zijn er nieuwe platen van . . .?
Can I listen to this record, please?	Mag ik deze plaat horen?
Ballpoint	Balpen
Cellotape	Plakband
Drawing pin	Punaise
Elastic band	Elastiekje
Envelope	Envelop
Glue	Lijm
Ink	Inkt
(Coloured) pencil	(Kleur) potlood
String	Touw

Photography

I want to buy a (cine) camera	Ik zoek een (film) camera
Have you a film/cartridge for this camera?	Hebt u film/cassette voor deze camera?
A 120/126 spool film, please, with 20/36 exposures	Een honderdtwintig/ honderdzesentwintig, alstublieft, met twintig/ zesendertig opnamen
Give me an 8/16/35 mm film, please	Mag ik een acht/zestien/ vijfendertig mm film?

I want a (fast) colour film/black-and-white film	Ik zoek een (snelle) kleurenfilm/zwart-wit film
What film speed is this?	Welke snelheid heeft deze film?
Would you fit the film in the camera for me, please?	Kunt u de film voor me in de camera doen?
Does the price include processing?	Is ontwikkelen in de prijs inbegrepen?
I'd like this film developed and printed	Kunt u deze film ontwikkelen en afdrukken?
Please enlarge this negative	Kunt u dit negatief vergroten, alstublieft?
When will they be ready?	Wanneer zijn ze klaar?
Will they be done tomorrow?	Kunnen ze morgen klaar zijn?
Do you have flash bulbs?	Hebt u ook flitslampjes?
My camera's not working, can you mend it?	Mijn camera is kapot, kunt u hem repareren?
The film is jammed	De film zit vast
Shutter	Sluiter
Film winder	Filmtransport
Lightmeter	Belichtingsmeter
Viewfinder	Zoeker

Tobacconist

Do you stock English/American cigarettes?	Hebt u ook engelse/amerikaanse cigaretten?
What English cigarettes have you?	Wat voor engelse sigaretten hebt u?
Filter tip cigarettes/cigarettes without filter	Sigaretten met/zonder filter
Do you have any small cigars?	Hebt u ook kleine sigaartjes?
Light/dark tobacco	Lichte/zware tabak
A box of matches, please	Een doosje lucifers, alstublieft
Do you have cigarette paper/pipe cleaners?	Hebt u sigarettenpapier/pijpewissers?
I want to buy a lighter	Ik zoek een aansteker
Do you sell lighter fuel/flints?	Hebt u ook benzine/steentjes voor aanstekers?
I want a gas refill for this lighter	Hebt u vullingen voor deze gasaansteker?

Repairs

This is broken; could somebody mend it?	Dit is stuk; kan iemand het maken?
Can you do it while I wait?	Kan ik er op wachten?
When should I come back for it?	Wanneer kan ik het halen?
Can you sole these shoes (with leather)?	Kunt u deze schoenen (met leer) verzolen?
Can you heel these shoes (with rubber)?	Kunt u hier (rubber)hakken onder zetten?
I have broken the heel; can you put on a new one?	Ik heb de hak gebroken; kunt u er een nieuwe aanzetten?
My watch is broken	Mijn horloge is kapot
I have broken the glass/strap/ spring	Het glas/de band/de veer is kapot
I have broken my glasses/the frame/the arm	Mijn bril/het montuur/de poot is stuk
How much would a new one cost?	Wat zou een nieuwe kosten?
The stone/charm/screw has come loose	De steen/het bedeltje/de schroef is los geraakt
The fastener/clip/chain is broken	De sluiting/clip/ketting is gebroken
How much will it cost?	Wat gaat dat kosten?
It can('t) be repaired	*Het kan (niet) gerepareerd/ gemaakt worden
You need a new one	*U moet een nieuwe hebben

Post Office

Where's the (main) post office?	Waar is het (hoofd) postkantoor?
Where's the nearest post office?	Is hier een postkantoor in de buurt?
What time does the post office open/close?	Hoe laat gaat het postkantoor open/dicht?
Where's the post box?	Waar is de brievenbus?
Which window do I go to for stamps?	Aan welk loket krijg ik postzegels?
Where do I go for telegrams/money orders?	Waar kan ik telegrammen/postwissels versturen?

Letters and telegrams

How much is a letter to England?	Wat moet er op een brief naar Engeland?
What's the airmail/surface mail to the U.S.A.?	Wat kost luchtpost/gewone post naar Amerika?
It's inland	Dit is binnenland
Give me three . . . cent stamps, please	Mag ik drie postzegels van . . ., alstublieft?
I want to send this letter express	Ik wil deze brief per expres versturen
I want to register this letter	Wilt u deze brief aantekenen?
Two airmail forms, please	Twee luchtpostformulieren, alstublieft
Where is the poste restante section?	Waar is het poste restante loket?
Are there any letters for me?	Is er post voor mij?
What is your name?	*Wat is uw naam?/Hoe heet u?
Have you any means of identification?	*Hebt u een legitimatiebewijs/ paspoort?
I want to send a telegram/ night letter (reply paid)	Ik wil een telegram/ brieftelegram opgeven (met betaald antwoord)
How much does it cost per word?	Wat kost het per woord?
Write the message here and your own name and address there	*Schrijft u de tekst hier, en uw eigen naam en adres daar

Telephoning

Where's the nearest phone box?	Is hier ergens een telefooncel?
I want to make a phone call	Ik wilde graag telefoneren
May I use your phone?	Mag ik uw telefoon gebruiken?
Do you have a telephone directory for . . .?	Hebt u een telefoonboek van . . .?
Please get me . . .	Kunt u . . . voor me bellen?
I want to telephone to England	Ik wil met Engeland telefoneren
I want to make a personal (person-to-person) call	Ik wil een gesprek met voorbericht
Could you give me the cost (time-and-charges) afterwards?	Kunt u me na afloop de kosten opgeven?
I was cut off, can you reconnect me?	Ik werd verbroken; kunt u me opnieuw verbinden?
I want extension . . .	Toestel . . ., alstublieft
May I speak to . . .	Zou ik . . . kunnen spreken?
Who's speaking?	*Met wie spreek ik?
Hold the line, please	*Blijft u aan het toestel
He's not here	*Hij is niet hier
You can reach him at . . .	*U kunt hem onder nummer . . . bereiken
When will he be back?	Wanneer komt hij terug?
Will you take a message?	Kan ik een boodschap achterlaten?

Tell him that . . . phoned	Wilt u hem zeggen dat . . . gebeld heeft?
Please ask her to phone me	Wilt u haar vragen mij te bellen?
What's your number?	*Wat is uw nummer?
My number is . . .	Mijn nummer is . . .
I can't hear you	Ik kan u niet verstaan
The line is engaged	*De lijn is bezet
There's no reply	*Er is geen antwoord/gehoor
You have the wrong number	*U bent verkeerd verbonden/U hebt een verkeerd nummer
Telephone directory	Telefoonboek
Telephone number	Telefoon-nummer
Telephone operator	Telefonist(e)

Sightseeing[1]

What ought one to see here?	Wat kunnen we hier het beste gaan zien?
Is there a sightseeing tour/boat ride?	Is er een rondrit/rondvaart?
What's this building?	Wat is dit voor een gebouw?
Which is the oldest building/part of the city?	Wat is het oudste gebouw/gedeelte van de stad?
When was this built?	Wanneer is het gebouwd?
Who built it?	Wie heeft dit gebouwd?
What's the name of this church?	Hoe heet deze kerk?
When is the museum open?	Wanneer is het museum open?
Is it open on Sundays?	Is het zondags open?
Admission free	*Toegang vrij
How much is it to go in?	Wat is de toegangsprijs?
Are there reductions for children/students?	Is er een reductie voor kinderen/studenten?

1. See also TRAVEL (Bus or Coach) (p. 51), and DIRECTIONS (p. 54).

Are the entry fees reduced on any special day?	Zijn er dagen met gereduceerde prijzen?
Have you a ticket?	*Hebt u een kaartje?
Where do I get tickets?	Waar kan ik kaarten krijgen?
Please leave your bag/umbrella/camera in the cloakroom	*Tassen/paraplu's/camera's in de garderobe afgeven
Can I take pictures?	Mag ik fotograferen?
Photographs are prohibited	*Fotograferen is verboden
Follow the guide	*Volg de gids
Does the guide speak English?	Spreekt de gids Engels?
I don't need a guide	Ik heb geen gids nodig
Where is the . . . collection/exhibition?	Waar is de verzameling/tentoonstelling van . . .?
Where can I get a catalogue/reproductions/postcards?	Waar kan ik een catalogus/reproducties/kaarten kopen?
Where can I get a map/guidebook of the city?	Waar kan ik een plattegrond/gids voor de stad krijgen?
Is this the way to the zoo?	Ga ik zo goed voor de dierentuin?
Which bus goes to the castle?	Welke bus gaat naar het kasteel?
Which is the way to the park?	Hoe kom ik in het park?
Where do we find antiques/souvenirs/a shopping centre/the market?	Waar vinden we antiek/souveniers/een winkelcentrum/de markt?
Can we walk there?	Kunnen we er lopend komen?

Entertainment

Is there an entertainment guide?	Bestaat er hier een theatergids?
What's on at the theatre/cinema?	Wat gaat er in het theater/in de bioscoop?
Is there a concert on this evening?	Is er een concert vanavond?
I want two seats for tonight/the matinee tomorrow	Ik wou graag twee plaatsen voor vanavond/voor de middagvoorstelling van morgen
I want to book two seats for Thursday	Kan ik twee plaatsen bespreken voor donderdag?
We're sold out (for that performance)	*We zijn uitverkocht (voor die voorstelling
Where are these seats?	Waar zijn deze plaatsen?
What time does the performance start?	Hoe laat begint de voorstelling?
What time does it end?	Hoe laat loopt de voorstelling af?
Is evening dress necessary?	Is avondkleding vereist?

Where is the cloakroom?	Waar is de vestiaire/garderobe?
This is your seat	*Dit is uw plaats
A programme, please	Mag ik een programma van u?
Where are the best nightclubs?	Waar zijn de beste nachtclubs?
What time is the floorshow?	Wanneer begint het cabaret?
Would you like to dance?	Zoudt u willen dansen?
Is there a discotheque/jazz club here?	Is hier ergens een discotheek/ jazz club?

Sports and games

Where is the nearest tennis court/ golf course?

Is hier in de buurt een tennisbaan/golflinks?

What is the charge per game/ hour/day?

Wat kost het per spel/uur/dag?

Where can we go swimming/ fishing?

Waar kunnen we zwemmen/ vissen?

Can I hire a racket/clubs/fishing tackle?

Kan ik een racket/sticks/vistuig huren?

Do I need a permit?

Heb ik een vergunning nodig?

Where do I get a permit?

Waar kan ik een vergunning krijgen?

Is there a skating rink?

Is er een kunstijsbaan?

Can I hire skates?

Kan ik schaatsen huren?

Can I take lessons here?

Kan ik hier les nemen?

Where is the stadium?

Waar is het stadion?

Are there still any seats in the grandstand?

Zijn er nog plaatsen op de hoofdtribune?

How much are they?	Wat kosten die?
Which are the cheapest seats?	Wat zijn de goedkoopste plaatsen?
We want to go to a football match/the tennis tournament	Wij wilden naar een voetbal wedstrijd/de tennis wedstrijden
Who's playing?	Wie spelen er?
When does it start?	Hoe laat begint het?
What is the score?	Wat is de stand?
Where's the race course?	Waar is de renbaan?
When's the next meeting?	Wanneer is de volgende race?
Do you play cards?	Kaart u?
Would you like a game of chess?	Wilt u een partijtje schaken?

On the beach

Where are the best beaches?	Waar is het beste strand?
Is there a quiet beach near here?	Is er een rustig strand in de buurt?
Can we walk or is it too far?	Kunnen we lopen of is het te ver?
Is there a bus to the beach?	Is er een bus naar het strand?
Is it safe to bathe here?	Is het veilig hier te zwemmen?
Is it safe for small children?	Is het veilig voor kleine kinderen?
Is the sea very rough here?	Is de zee hier erg ruw?
Bathing prohibited	*Verboden te zwemmen/baden
It's dangerous	*Het is gevaarlijk
There's a strong current here	*Er is een sterke stroom hier
Are you a strong swimmer?	*Bent u een goede zwemmer?
Is it deep?	Is het diep?
How's the water?	Hoe is het water?
It's warm/cold	Het is warm/koud

Can one swim in the lake/river?	Kun je in het meer/in de rivier zwemmen?
Is there an indoor/outdoor swimming pool?	Is er een overdekt/open zwembad?
Are there showers?	Zijn er douches?
I want a cabin for the day/for the morning/for two hours	Kan ik een kabine huren voor de hele dag/voor de ochtend/ voor twee uur?
I want to hire a deckchair/ sunshade	Kan ik een ligstoel/parasol huren?
Can we water-ski here?	Kunnen we hier waterskieën?
Can we hire the equipment?	Kunnen we de uitrusting huren?
Where's the harbour?	Waar is de haven?
Can we go out in a fishing boat?	Kunnen we met een vissersboot mee?
We want to go fishing	We wilden gaan vissen
Is there any underwater fishing?	Wordt er hier aan onderwater vissen gedaan?
Can I hire a rowing/sailing/ motor boat?	Kan ik een roeiboot/zeilboot/ motorboot huren?
What does it cost by the hour?	Wat kost dat per uur?

Camping and walking[1]

How long is the walk to the youth hostel?	Hoe lang loop je er over naar de jeugdherberg?
How far is the next village?	Hoe ver is het naar het volgende dorp?
Is there a footpath to . . .?	Is er een voetpad/wandelpad naar . . .?
Is there a short cut?	Is er een kortere weg?
It's an hour's walk to . . .	*Het is een uur lopen naar . . .
Is there a camping site near here?	Is er een kampeerplaats in de buurt?
Is there drinking water?	Is er drinkwater?
Are there lavatories/showers?	Zijn er toiletten/douches?
May we camp here?	Mogen we hier kamperen?
Can we hire a tent?	Kunnen we een tent huren?
Can we park our caravan here?	Kunnen we onze caravan hier parkeren?

1. See also DIRECTIONS (p. 54).

What does it cost per person/day/week?

Wat kost het per persoon/dag/week?

What is the charge for a tent/caravan?

Wat kost een tent/caravan?

Where are the shops?

Waar zijn de winkels?

Where can I buy paraffin/butane gas?

Waar krijg ik petroleum/butagas?

May we light a fire?

Mogen we hier (een) vuur maken?

Where do I dispose of rubbish?

Waar kan ik de afval kwijt?

At the doctor's

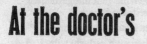

Ailments

Is there a doctor's surgery near here?

Woont hier een dokter in de buurt?

I must see a doctor; can you recommend one?

Ik heb een dokter nodig; weet u een goede?

Please call a doctor

Kunt u een dokter roepen?

I am ill

Ik ben ziek

I've a pain in my right arm

Ik heb pijn in mijn rechterarm

My wrist hurts

Mijn pols doet pijn

I have pulled/strained a muscle

Ik heb een spier verrekt

I think I've sprained/broken my ankle

Ik geloof dat ik mijn enkel verstuikt/gebroken heb

I fell down and hurt my back

Ik ben gevallen en heb mijn rug bezeerd

My feet are swollen

Mijn voeten zijn gezwollen

I've burned/cut/bruised/ wounded myself	Ik heb me gebrand/gesneden/ gestoten/verwond
My stomach is upset	Ik heb last van mijn maag
My appetite's gone	Ik ben mijn eetlust kwijt
I think I've got food poisoning	Ik geloof dat ik voedselvergiftiging heb
I can't eat/sleep/swallow	Ik kan niet eten/slapen/slikken
My nose keeps bleeding	Mijn neus blijft bloeden
I have earache/toothache/ headache/a sore throat	Ik heb oorpijn/kiespijn/ hoofdpijn/keelpijn
I have difficulty in breathing	Ik kan moeilijk ademhalen
I feel dizzy/sick/shivery	Ik ben duizelig/misselijk/ huiverig
I keep vomiting	Ik moet steeds overgeven
I have a temperature/fever	Ik heb verhoging/koorts
I think I've caught 'flu	Ik denk dat ik griep heb
I've got a cold	Ik ben verkouden
I've had it since yesterday/a few hours	Ik heb het sinds gisteren/sinds een paar uur

abscess	ontsteking	ont**stay**king
ache	pijn	pyn
allergy	allergie	aller**khee**
appendicitis	blindedarm ontsteking	blinde**darm** ontstayking
asthma	asthma	**as**mă

blister	blaar	blār
boil	zweer	zwayr
bruise	kneuzing	**knēr**zing
burn	brandwond	**brant**wont
cardiac condition	hartaandoening	**hart**āndooning
chill, cold	verkoudheid	věrkowthyt
constipation	verstopping	věr**stopping**
cough	hoest	hoost
cramp	kramp	kramp
diabetic	suikerziek	**sœ**kěrzeek
diarrhoea	diarrhee	dee-ar**ray**
earache	oorpijn	**ōr**pyn
fever	koorts	kōrts
food poisoning	voedselvergiftiging	voodsělvěr**khift**ikhing
fracture	breuk	brērk
hay fever	hooikoorts	**hō**-eekōrts
headache	hoofdpijn	**hōft**pyn
ill, sick	ziek	zeek
illness	ziekte	zeektě
indigestion	indigestie	indee**khes**tee
infection	infectie	infeksee
influenza	griep	khreep
insomnia	slapeloosheid	slāpě**lōs**hyt
itch	jeuk	yērk

nausea	misselijkheid	**mis**sĕlĕkhyt
pain	pijn	pyn
rheumatism	rheumatiek	rēī**mā**teek
sore throat	keelpijn	**kayl**pyn
sprain	verstuiking	ver**stœ**king
stomach ache	maagpijn	**mākh**pyn
sunburn	zonnebrand	**zon**nĕbrant
sunstroke	zonnesteek	**zon**nĕstayk
tonsillitis	keelontsteking	**kayl**ontstayking
toothache	kiespijn	**kees**pyn
ulcer	maagzweer	**mākh**zwayr
wound	wond	wont

Treatment

You're hurting me	U doet me pijn
Must I stay in bed?	Moet ik in bed blijven?
Will you come and see me again?	Komt u nog terug?
How much do I owe you?	Wat ben ik u schuldig?
When do you think I can travel again?	Wanneer kan ik weer reizen?
Do you have a temperature?	*Hebt u verhoging?

Does that hurt?	*Doet dat pijn?
A lot?/a little?	*Erg?/een beetje?
I feel better now	Ik voel me weer beter
Where does it hurt?	*Waar doet het pijn/zeer?
Have you a pain here?	*Hebt u hier pijn?
How long have you had . . . ?	*Hoe lang hebt u al . . . ?
Open your mouth	*Doet uw mond eens open
Put out your tongue	*Steekt uw tong eens uit
Breathe in/out	*Ademt u in/uit
Hold your breath	*Adem inhouden
Please lie down	*Gaat u even liggen
What medicines have you been taking?	*Wat voor medicijnen hebt u?
I take this medicine – could you give me another prescription?	Ik neem deze medicijnen in – kunt u me een nieuw recept geven?
I will give you an antibiotic/sedative	*Ik zal u antibiotica/een kalmerend middel geven
Take these pills/this medicine	*Neemt u deze pillen/medicijnen
Take this prescription to the chemist's	*Brengt u dit recept naar de apotheek
Take this three times a day	*Neemt u dit drie keer per dag
I'll give you an injection	*Ik zal u een injectie geven
Roll up your sleeve	*Rolt u uw mouw even op
You should stay on a diet for a few days	*U moet een paar dagen diëet houden

Come and see me again in two days' time	*Komt u over twee dagen weer terug
Your leg must be X-rayed	*Er moet een röntgenfoto van uw been gemaakt worden
You must go to hospital	*U moet naar het ziekenhuis
You must stay in bed (for a few days)	*U moet (een paar dagen) in bed blijven
You should not travel until ...	*U mag niet reizen tot ...
Nothing to worry about	*Niks om ongerust over te zijn

ambulance	ziekenwagen/ ambulance	**zee**kĕnwăkhĕn/ ambü**lans**ĕ
anaesthetic	verdoving	vĕr**dō**ving
aspirin	aspirine	aspee**ree**nĕ
bandage	verband (n)	vĕr**bant**
chiropodist	pedicuur	paydee**kür**
hospital	ziekenhuis (n)	**zee**kĕnhœs
injection	injectie	in**yek**see
laxative	laxeermiddel (n)	lak**sayr**middĕl
nurse	verpleegster/ verpleger	vĕr**playkh**stĕr/ vĕr**playkh**ĕr
operation	operatie	opĕ**rāt**see
optician	opticien	optee**shen**
osteopath	osteopaat	**o**stay-opāt
pill	pil	pil
(adhesive) plaster	pleister	**ply**stĕr

| prescription | recept (*n*) | **rĕ**sept |
| X-ray | röntgen foto | **rērnt**khĕnfōtō |

Parts of the body

ankle	enkel	**en**kĕl
arm	arm	arm
back	rug	rĕkh
bladder	blaas	blās
blood	bloed (*n*)	bloot
body	lichaam (*n*)	**li**khām
bone	bot (*n*)	bot
bowels	darmen	**dar**mĕn
brain	hersenen	**her**sĕnĕ
breast	borst	borst
cheek	wang	wang
chest	borst	borst
chin	kin	kin
collar-bone	sleutelbeen (*n*)	**slē**tĕlbayn
ear	oor (*n*)	ōr
elbow	elleboog	**el**lĕbōkh
eye	oog (*n*)	ōkh
eyelid	ooglid (*n*)	**ōkh**lid

face	gezicht (*n*)	**khĕzikht**
finger	vinger	**vingĕr**
foot	voet	voot
forehead	voorhoofd (*n*)	**vōr**hōft
gums	tandvlees (*n*)	**tant**vlays
hand	hand	hant
head	hoofd (*n*)	hōft
heart	hart (*n*)	hart
heel	hiel	heel
hip	heup	hēēp
jaw	kaak	kāk
joint	gewricht (*n*)	khĕ**wrikht**
kidney	nier	neer
knee	knie	k-nee
knee-cap	knieschijf	**k-nee**skhyf
leg	been (*n*)	bayn
lip	lip	lip
liver	lever	**lay**vĕr
lung	long	long
mouth	mond	mont
muscle	spier	speer
nail	nagel	**nā**khĕl
neck	nek	nek
nerve	zenuw	**zay**nü

nose	neus	nērs
rib	rib	rib
shoulder	schouder	**skhow**dĕr
skin	huid	hœt
stomach	maag	mākh
temple	slaap	slāp
thigh	heup	hērp
throat	keel	kayl
thumb	duim	dœm
toe	teen	tayn
tongue	tong	tong
tonsils	amandelen	**aman**dĕlĕ
tooth	tand	tant
vein	ader	**ā**dĕr
wrist	pols	pols

At the dentist's

I must see a dentist	Ik moet naar de tandarts
Can I make an appointment?	Kan ik een afspraak maken?
As soon as possible	Zo gauw mogelijk
I have toothache	Ik heb kiespijn
This tooth/molar hurts	Deze tand/kies doet pijn
I've lost a filling	Ik heb een vulling verloren
Can you fill it?	Kunt u hem vullen/plomberen?
Can you do it now?	Kunt u het nu dadelijk doen?
Must you take the tooth out?	Moet die kies er uit?
Please give me an injection first	Kan ik eerst een injectie/verdoving krijgen?
My gums are swollen/keep bleeding	Mijn tandvlees is gezwollen/blijft bloeden
I've broken my plate, can you repair it?	Ik heb mijn prothese gebroken, kunt u hem repareren?
You're hurting me	U doet me pijn

How much do I owe you?	Wat ben ik u schuldig?
When should I come again?	Wanneer moet ik terugkomen?
Please rinse your mouth	*Wilt u even spoelen
I will X-ray your teeth	*Ik zal een (röntgen)foto nemen
You have an abscess	*U hebt een ontsteking
The nerve is exposed	*De zenuw ligt bloot
This tooth can't be saved	*Deze tand/kies is niet meer te redden

Problems and accidents

Where's the police station	Waar is het politiebureau?
Call the police/a doctor	Roep de politie/een dokter
Where is the British/American consulate?	Waar is het britse/amerikaanse consulaat?
Please let the consulate know	Wilt u het consulaat verwittigen?
My bag/wallet has been stolen	Mijn tas/portefeuille is gestolen
I found this in the street	Ik heb dit op straat gevonden
I have lost my luggage/passport/ traveller's cheques	Ik heb mijn bagage/paspoort/ reischeques verloren
I have missed my train	Ik heb mijn trein gemist
My luggage is (still) on board	Mijn bagage is (nog) aan boord
Call an ambulance	Roep een ziekenwagen
There has been an accident	Er is een ongeluk gebeurd
He's badly hurt	Hij is ernstig gewond
He has fainted	Hij is flauw gevallen
She's losing blood	Zij verliest bloed

Please get some water/a blanket/some bandages	Kunt u alstublieft water/een deken/verbandstof halen?
I've broken my glasses	Mijn bril is kapot
I can't see	Ik kan niets zien
A child has fallen in the water	Er is een kind in het water gevallen
May I see your insurance certificate?	Mag ik uw verzekeringspapieren zien?
Apply to the insurance company	U moet zich tot de verzekering wenden
Can you help me?	Kunt u mij helpen?
What is the name and address of the owner?	Wat zijn de naam en het adres van de eigenaar?
Are you willing to act as a witness?	Wilt u getuigen?
Can I have your name and address, please?	Mag ik uw naam en adres, alstublieft?
I want a copy of the police report	Mag ik een kopie van het politierapport/proces verbaal?

Time and dates

TIME	TIJD
What time is it?	Hoe laat is het?
It's one o'clock[1]	Het is één uur
two o'clock	twee uur
five past eight	vijf over acht
quarter past five	kwart over vijf
twenty past four	tien voor half vijf
half past four	half vijf
twenty to three	tien over half drie/twintig voor drie
quarter to ten	kwart voor tien
Second	Seconde
Minute	Minuut
Hour	Uur (*n*)

1. The hour in Dutch usage is divided into quarters, and times are expressed as so many minutes **over heel** (past the hour), **voor half** (before half), **over half** (past the half hour) and **voor heel** (to the hour).

It's early/late	Het is vroeg/laat
My watch is slow/fast	Mijn horloge loopt achter/voor
Sorry I'm late	Het spijt me dat ik zo laat ben

DATE

DATUM

What's the date?	De hoeveelste is het vandaag?
It's December 9th	Het is de negende december
We got here on July 27th	Wij zijn hier de zeven-twintigste juli (aan)gekomen
We're leaving on January 5th	We vertrekken de vijfde januari

DAY

DAG

dakh

Morning	ochtend/morgen	**okh**tĕnt/**morkh**ĕ
this morning	vanochtend	van**okh**tĕnt
in the morning	morgenochtend	morkhĕn**okh**tĕnt
Midday, noon	twaalf uur	twāl'f ür
at noon	om twaalf uur	om twāl'f ür
Afternoon	middag	**mid**dakh
yesterday afternoon	gistermiddag	khistĕr**mid**dakh
Evening	avond	āvont
tomorrow evening	morgenavond	morkhĕn**ā**vont

Midnight	middernacht	midděr**nakht**
Night	nacht	nakht
Sunrise	zonsopgang	zons**op**khang
Dawn	morgenstond	**mor**khěnstont
Sunset	zonsondergang	zons**on**děrkhang
Dusk, twilight	schemering	**skhay**měring
Today	vandaag	van**dākh**
Yesterday	gisteren	**khi**stěrě
day before yesterday	eergisteren	**ayr**khistěre
Tomorrow	morgen	**mor**khě
day after tomorrow	overmorgen	**ō**věrmorkhě
In ten days' time	over tien dagen	over teen **dā**khěn
WEEK	WEEK	wayk
Monday	maandag	**mān**dakh
Tuesday	dinsdag	**dins**dakh
Wednesday	woensdag	**woons**dakh
Thursday	donderdag	**don**děrdakh
Friday	vrijdag	**vry**dakh
Saturday	zaterdag	**zā**těrdakh
Sunday	zondag	**zon**dakh

on Tuesday	op dinsdag/ dinsdags	op **dins**dakh/ **dins**dakhs
on Sundays	op zondag/ ('s)zondags	op **zon**dakh/ **zon**dakhs
Fortnight	veertien dagen	**vayr**teen **dā**khen

MONTH	MAAND	mănt
January	januari	jannüwāri
February	februari	faybrüwāri
March	maart	märt
April	april	**april**
May	mei	my
June	juni	**jü**nee
July	juli	**jü**lee
August	augustus	ow**khěs**těs
September	september	sep**tem**běr
October	october	ok**tō**běr
November	november	nō**vem**běr
December	december	day**sem**běr

SEASON	SEIZOEN	**syzoon**
Spring	voorjaar/lente	**vōr**yăr/**len**tě
Summer	zomer	**zō**měr
Autumn	najaar/herfst	**nā**yăr/**her**'fst

Winter	winter	**win**tĕr
in spring	in de lente	in dĕ **len**tĕ
during the summer/winter	's zomers/ 's winters	**zō**mĕrs/**swin**tĕrs

YEAR	JAAR	yār
This year	dit jaar	dit yār
Last year	vorig jaar	**vo**rĕkh yār
Next year	volgend jaar	**vol**khĕnt yār

Public holidays

New Year's Day	Nieuwjaarsdag
Good Friday (half day)	Goede Vrijdag
Easter	Pasen
Easter Monday	Tweede Paasdag
30 April (Queen's birthday)	Koninginnedag
Ascension Day	Hemelvaartsdag
Whitsun	Pinksteren
Whit Monday	Tweede Pinksterdag
Christmas Day	(Eerste) Kerstdag
Boxing Day	Tweede Kerstdag

Religious holidays which are only observed in catholic areas (i.e. roughly south of the Maas and Waal rivers and in Belgium):

6 January (Epiphany)	Driekoningen
15 August (Ascension of the Virgin)	Maria Hemelvaart
1 November (All Saints' Day)	Allerheiligen

Numbers

CARDINAL

0	nul	nĕl
1	een	ayn
2	twee	tway
3	drie	dree
4	vier	veer
5	vijf	vyf
6	zes	zes
7	zeven	**zay**vĕ/**zēr**vĕn
8	acht	akht
9	negen	**nay**khĕ
10	tien	teen
11	elf	**el**lĕf
12	twaalf	**twā**lĕf
13	dertien	**der**teen
14	veertien	**vayr**teen

15	vijftien	**vyf**teen
16	zestien	**zes**teen
17	zeventien	**zay**věnteen
18	achttien	**akh**teen
19	negentien	**nay**gĕnteen
20	twintig	**twin**tĕkh
21	een en twintig	**ay**nĕntwintĕkh
22	twee en twintig	**tway**ĕntwintĕkh
30	dertig	**der**tĕkh
31	een en dertig	**ay**nĕndertĕkh
40	veertig	**vayr**tĕkh
50	vijftig	**vyf**tĕkh
60	zestig	**zes**tĕkh
70	zeventig	**zay**vĕntĕkh
80	tachtig	**takh**tĕkh
90	negentig	**nay**khĕntĕkh
100	honderd	**hon**dĕrt
101	honderdeen	hondĕrt**ayn**
200	tweehonderd	**tway**hondĕrt
1,000	duizend	**dœ**zĕnt
2,000	tweeduizend	**tway**dœzĕnt
1,000,000	(een) miljoen	(ĕn) mil**yoon**

ORDINAL

1st	eerste	**ayr**stĕ
2nd	tweede	**tway**dĕ
3rd	derde	**der**dĕ
4th	vierde	**veer**dĕ
5th	vijfde	**vyf**dĕ
6th	zesde	**zes**dĕ
7th	zevende	**zay**vĕndĕ
8th	achtste	**akh**stĕ
9th	negende	**nay**khĕndĕ
10th	tiende	**teen**dĕ
11th	elfde	**ell**ĕfdĕ
12th	twaalfde	**twā**lĕfdĕ
13th	dertiende	**der**teendĕ
20th	twintigste	**twin**tĕkhstĕ
21st	een en twintigste	**ayn**ĕntwintĕkhstĕ
30th	dertigste	**der**tĕkhste
100th	honderdste	**hon**dĕrtstĕ

half	half	**hal**ĕf
quarter	kwart	kwart
three quarters	drie kwart	**dree**kwart
a third	een derde	ĕn **der**dĕ
two thirds	twee derde	tway **der**dĕ

Weights and measures

DISTANCE:

kilometres – miles

km	miles or km	miles		km	miles or km	miles
1·6	1	0·6		14·5	9	5·6
3·2	2	1·2		16·1	10	6·2
4·8	3	1·9		32·2	20	12·4
6·4	4	2·5		40·2	25	15·3
8	5	3·1		80·5	50	31·1
9·7	6	3·7		160·9	100	62·1
11·3	7	4·4		804·7	500	310·7

A rough way to convert from miles to kms: divide by 5 and multiply by 8; to convert kms to miles divide by 8 and multiply by 5.

LENGTH AND HEIGHT:

centimetres – inches

cm	inch or cm	inch		cm	inch or cm	inch
2·5	1	0·4		17·8	7	2·8
5·1	2	0·8		20	8	3·2
7·6	3	1·2		22·9	9	3·5
10·2	4	1·6		25·4	10	3·9
12·7	5	2·0		50·8	20	7·9
15·2	6	2·4		127	50	19·7

A rough way to convert from inches to cm: divide by 2 and multiply by 5; to convert cm to inches divide by 5 and multiply by 2.

metres – feet

m	ft or m	ft		m	ft or m	ft
0·3	1	3·3		2·4	8	26·3
0·6	2	6·6		2·7	9	29·5
0·9	3	9·8		3	10	32·8
1·2	4	13·1		6·1	20	65·6
1·5	5	16·4		15·2	50	164
1·8	6	19·7		30·5	100	328·1
2·1	7	23		152·5	500	1,690·5

A rough way to convert from ft to m: divide by 10 and multiply by 3; to convert m to ft divide by 3 and multiply by 10.

metres – yards

m	yds or m	yds		m	yds or m	yds
0·9	1	1·1		7·3	8	8·8
1·8	2	2·2		8·2	9	9·8
2·7	3	3·3		9·1	10	10·9
3·7	4	4·4		18·3	20	21·9
4·6	5	5·5		45·7	50	54·7
5·5	6	6·6		91·4	100	109·4
6·4	7	7·7		457·2	500	546·8

A rough way to convert from yds to m: subtract 10 per cent from the number of yds; to convert m to yds add 10 per cent to the number of metres.

LIQUID MEASURES:

litres – gallons

litres	galls. or litres	galls.		litres	galls. or litres	galls.
4·6	1	0·2		36·4	8	1·8
9·1	2	0·4		40·9	9	2·0
13·6	3	0·7		45·5	10	2·2
18·2	4	0·9		90·9	20	4·4
22·7	5	1·1		136·4	30	6·6
27·3	6	1·3		181·8	40	8·8
31·8	7	1·5		227·3	50	11

1 pint = 0·6 litre   1 litre = 1·8 pint

A rough way to convert from galls. to litres: divide by 2 and multiply by 9; to convert litres to galls., divide by 9 and multiply by 2.

WEIGHT:

kilogrammes – pounds

kg	lb. or kg	lb.	kg	lb. or kg	lb.
0·5	1	2·2	3·2	7	15·4
0·9	2	4·4	3·6	8	17·6
1·4	3	6·6	4·1	9	19·8
1·8	4	8·8	4·5	10	22·1
2·3	5	11·0	9·1	20	44·1
2·7	6	13·2	22·7	50	110·2

A rough way to convert from lb. to kg: divide by 11 and multiply by 5; to convert kg to lb., divide by 5 and multiply by 11.

grammes – ounces

grammes	oz.	oz.	grammes
100	3·5	2	57·1
250	8·8	4	114·3
500	17·6	8	228·6
1,000 (1 kg)	35	16 (1 lb.)	457·2

TEMPERATURE:

centigrade – fahrenheit

centigrade °C	fahrenheit °F
−10	14
−5	23
0	32
5	41
10	50
15	59
20	68
25	77
30	86
35	95
37	98·4
38	100·5
39	102
40	104
100	180

To convert °F to °C: deduct 32, divide by 9 and multiply by 5; to convert °C to °F, multiply by 9, divide by 5 and add 32.

Vocabulary

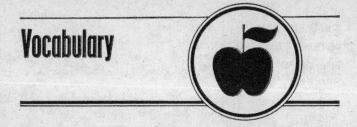

Various groups of specialized words are given elsewhere in this book and these words are not usually repeated in the vocabulary:

A

a, an	een	ayn
able (to be)	kunnen (kon, gekund)	**kĕnnĕn** (kon, khĕ**kĕnt**)
about	ongeveer	onkhĕ**vayr**
above	boven	**bōvĕn**
abroad	in het buitenland	in het **bœtĕnlant**
accept (to)	aannemen/accepteren	**ān**naymĕn/ axep**tayrĕn**
accident	ongeluk (n)	**on**khĕlĕk
ache (to)	pijn doen active	pyn doon
	pijn hebben passive	pyn hebbĕn
acquaintance	kennis/bekende	**ken**nĕs/bĕ**kendĕ**
across	over	**ōvĕr**
act (to)	handelen	**han**dĕlĕn
add (to) numbers	optellen	**op**tellĕn
things	toevoegen	**too**vookhĕn
address	adres (n)	a**dres**
admire (to)	bewonderen	bĕ**wondĕrĕn**
admission	toegang	**too**khang
advice	raad/advies (n)	rāt/ad**vees**
aeroplane	vliegtuig (n)	**vleekh**tœkh
afford (to)	(zich) permitteren	(zikh) permee**tayrĕn**

afraid (to be)	bang zijn	**bang** zyn
after	na	nā
again	weer/opnieuw	wayr/op**neew**
against	tegen	**tay**khěn
age *period*	tijdperk (*n*)	**tyt**perk
personal	leeftijd	**layv**tyt
ago	geleden	khě**layd**ěn
agree (to) *to*	toestemmen	**too**stemměn
with	het eens zijn met . . .	het **ayns** zyn met
ahead	voor	vōr
air	lucht	lěkht
alarm clock	wekker	**wekk'r**
alike	hetzelfde	hetzellěfdě
all *adj.*	alle	**allě**
noun	alles	**allěs**
all right	in orde	in **ordě**
allow (to)	toestaan	**too**stān
almost	bijna	**bynā**
alone	alleen	al**layn**
along	langs	langs
already	al	al
also	ook	ōk
alter (to)	veranderen	veran**děr**ěn
alternative	alternatief (*n*)	altěrnā**teef**

although	hoewel	hoowel
always	altijd	altyt
ambulance	ambulance/ ziekenwagen	ambülansĕ/ zeekĕnwākhĕn
America	Amerika	amayreekā
American *adj.*	Amerikaans	amayreekāns
noun	Amerikaan/ Amerikaanse	amayreekān/ amayreekānsĕ
among	tussen	tĕssĕn
amuse (to)	amuseren	amüsayrĕn
amusing	amusant/leuk	amüsant/lērk
ancient	(oer)oud	(oor)owt
and	en	en
angry	boos/kwaad	bōs/kwāt
animal	dier (*n*)	deer
anniversary	trouwdag/*gen.* jubileum (*n*)	trowdakh, jübeelay-yĕm
annoy (to)	ergeren	ergĕrĕn
another	een ander	ĕn andĕr
(one) another	elkaar	elkār
answer	antwoord (*n*)	antwōrd
answer (to)	antwoorden	antwōrdĕn
antique	antiek	anteek
any	een of ander	ayn of andĕr
anyone	iemand	eemant

anything	iets	eets
anyway	in ieder geval	in-eedĕr-khĕval
anywhere	ergens	**er**khĕns
apartment	woning	**wō**ning
apologize (to)	zich verontschuldigen	zikh veronts**khul**dĕ-khĕn
appetite	eetlust	**ayt**lĕst
appointment	afspraak	**af**sprāk
architect	architect	arkhee**tekt**
architecture	architectuur	arkheetek**tür**
area	gebied (*n*)	khĕ**beet**
argument	argument (*n*) (*quarrel*) ruzie	arkhü**ment**, **rü**zee
arm	arm	arm
armchair	leunstoel	**lērn**stool
army	leger (*n*)	**lay**khĕr
around	rond(om)	rond(**om**)
arrange (to)	arrangeren	arran**shay**rĕn
arrival	aankomst	**ān**komst
arrive (to)	aankomen	**ān**kōmĕn
art	kunst	kĕnst
art gallery	kunsthandel/ museum (*n*)	**kĕnst**handĕl/ **mü**zayĕm
artist	kunstenaar/artiest	**kĕn**stĕnār/**ar**teest

as	(zo)als	(zō)als
as much as	zo veel als	zō-**vayl**-als
as soon as	zo gauw als	zō-**khow**-als
as well/also	ook	ōk
ashtray	asbak	**asbak**
ask (to)	vragen (vroeg, gevraagd)	**vrā**khen (vrookh, khĕ**vrākht**)
asleep	slapend/in slaap	**slā**pĕnt/in slāp
at *person's* place/*time*	bij in/om	by in/om
at last	eindelijk	**yn**dĕlĕk
at once	onmiddellijk	on-**mid**dĕlĕk
atmosphere	atmosfeer	atmos**fayr**
attention	aandacht/attentie	**ān**dakht/at**tent**see
attractive	aantrekkelijk	**ān**trek**kĕl**ĕk
auction	veiling	**vy**ling
audience	gehoor (*n*)	khĕ**hōr**
aunt	tante	**tan**tĕ
Australia	Australië	ows**trā**leeyĕ
Australian *adj.* noun	Australisch Australiër	ows**tra**lees ows**tra**leeyĕr
author	schrijver	**skhry**vĕr
available	beschikbaar	bĕ**skhik**bār
average	gemiddeld	khĕ**mid**delt

awake	wakker	**wakkĕr**
away	weg	wekh
awful	afschuwelijk	**afskhüwĕlĕk**

B

baby	baby	**baybee**
bachelor	vrijgezel	vry**khĕzel**
back	terug	**tĕrĕkh**
bad	slecht	slekht
bad *food*	bedorven	**bĕdorvĕn**
bag	tas	tas
baggage	bagage	ba**khāshĕ**
bait	aas (*n*)	ās
balcony	balkon (*n*)	bal**kon**
ball	bal	bal
ballet	ballet (*n*)	bal**let**
band *music*	orkest (*n*)	**orkest**
bank	bank (*n*)	bank
bar	bar/café (*n*)/kroeg	**bār/kafay/krookh**
bare	bloot	blōt
basket	mand	mant
bath	bad (*n*)	bad
bathe (to)	baden	**bādĕn**

bathing cap	badmuts	**bad**mĕts
bathing costume	badpak (*n*)	**bad**pak
bathing trunks	zwembroek	**zwem**brook
bathroom	badkamer	**bad**kămĕr
battery	batterij	battĕry
be (to)	zijn (was, geweest)	zyn (was, khĕ**wayst**)
beach	strand (*n*)	strant
beard	baard	bārt
beautiful	mooi	mōee
because	omdat	om**dat**
become (to)	worden	**wor**dĕn
bed	bed (*n*)	bet
bedroom	slaapkamer	**slāp**kămĕr
before	voor(dat)	vōr(dat)
begin (to)	beginnen (begon, begonnen)	bĕ**khin**nĕ (bĕkhon, bĕkhonnĕ)
beginning	begin (*n*)	bĕ**khin**
behind	achter	**akh**tĕr
Belgian *adj.*	Belgisch	**bel**khees
noun	Belg	belkh
Belgium	België	**bel**kheeyĕ
believe (to) in	geloven (aan)	khĕ**lō**vĕn (ān)
belong (to)	(toe)behoren aan	(**too**)bĕhorĕn ān
below	onder	**on**dĕr

belt	riem	reem
bench	bank	bank
bend	bocht	bokht
beneath	onder	**on**dĕr
berth	couchette	koo**shet**
beside	naast	nāst
best	best	best
bet	weddenschap	**wed**dĕnskhap
better	beter	**bay**tĕr
between	tussen	**tĕs**sĕn
beyond	voorbij	vōr**by**
bicycle	fiets	feets
big	groot	khrōt
bill	rekening	**ray**kĕning
binoculars	kijker	**ky**kĕr
bird	vogel	**vō**khĕl
birthday	verjaardag	vĕr**jār**dakh
bit	stukje (n)	**stĕk**jĕ
bite (to)	bijten (beet, gebeten)	**byt**'n (bayt, khĕ**bayt**'n)
bitter	bitter	**bit**tĕr
blanket	deken	**dayk**'n
bleed (to)	bloeden	**bloo**dĕn
blind	blind	blint

blond	blond	blont
blood	bloed (*n*)	bloot
blouse	blouse	**bloo**sĕ
blow	klap	klap
blow (to)	blazen	**blā**zĕn
(on) board	(aan) boord	(ān) bōrt
boarding house	pension (*n*)	pens**yon**
boat	boot	bōt
body	lichaam (*n*)	**lik**hām
bolt	grendel	**khren**dĕl
bone	been (*n*)/bot (*n*)	bayn/bot
bonfire	(kamp)vuur (*n*)	**kamp**vür
book	boek (*n*)	book
book (to)	boeken/bespreken	**book**'n/bĕ**sprayk**'n
boot	laars	lārs
border	grens	khrens
borrow (to)	lenen	**lay**nĕn
both	allebei	**allĕ**by
both . . . and . . .	zowel . . . als . . .	**zō**wel . . . als . . .
bottle	fles	fles
bottle opener	(fles) opener	(fles) **ō**pĕnĕr
bottom	bodem	**bō**dĕm
bowl	schaal	skhāl
box *container*	doos	dōs

box *theatre*	loge	**lo**zhĕ
box office	(theater) kassa	(tayā**t'r**) kassā
boy	jongen	**yong**ĕ
bracelet	armband	**arm**bant
braces	bretels	**brĕtels**
brain	verstand (*n*)	vĕr**stant**
branch *veg. &*		
metaphor	tak	tak
office	bijkantoor (*n*)	**by**kantŏr
brand	merk (*n*)	**merr**ĕk
brassière	bustehouder	**büs**tĕhowdĕr
break (to)	breken (brak, gebroken)	**brayk'n** (brak, khĕ**brŏk'n**)
breakfast	ontbijt (*n*)	ont**byt**
breathe (to)	ademen	**ā**dĕmĕn
bridge	brug	brĕkh
briefs	onderbroek	**on**dĕrbrook
bright	licht/helder	likht/**hel**dĕr
bring (to)	brengen (bracht, gebracht)	**breng**ĕn (brakht, khĕ**brakht**)
British	Brits	brits
broken	gebroken	khĕ**brŏk**ĕ
brooch	broche/speld	**bro**shĕ/spelt
brother	broer	broor
bruise (to)	kneuzen	**knēr**zĕn

brush	borstel	**bor**stĕl
brush (to)	borstelen (*hair*)/ vegen (*floor*)	**bor**stĕlĕn, **vay**khĕn
bucket	emmer	**em**mĕr
buckle	gesp	khesp
build (to)	bouwen	**bow**ĕn
building	gebouw (*n*)	khĕ**bow**
bunch	bundel	**bĕn**dĕl
buoy	boei	boo-ee
burn (to)	branden	**bran**den
burn down (to)	verbranden	vĕr**bran**den
burst (to)	barsten	**bar**sten
bus	bus	bĕs
bus stop	bushalte	**bĕs**haltĕ
business	zaken	**zāk**'n
busy	druk	drĕk
but	maar	mār
button	knoop	knōp
buy (to)	kopen (kocht, gekocht)	**kōp**'n (kokht, khĕ**kokht**)
by *means, via*	door	dōr
near	(na)bij	(nā)**by**

C

cab	taxi	**tak**see
cabin	hut	hĕt
call *visit*	bezoek (*n*)	**bĕ**zook
call (to) *summon*	roepen (riep, geroepen)	**roop**'n (reep, khĕ**roop**'n)
telephone	opbellen	**op**bellĕn
visit	bezoeken (bezocht, bezocht)	bĕ**zook**ĕn (bĕ**zokht**)
calm	kalm	kalm
camp (to)	kamperen	kam**pay**rĕn
camp site	kampeerterrein	kam**payr**tĕrryn
can (to be able)	kunnen (kon, gekund)	**kĕn**nĕn (kon, khĕ**kĕnt**)
can *tin*	blik (*n*)	blik
Canada	Canada	**ka**nādā
Canadian	Canadees	kanā**days**
cancel (to)	annuleren	annü**lay**rĕn
candle	kaars	kārs
canoe	kano	**kā**nō
cap	pet	pet
capable of	in staat om	in stāt om
capital city	hoofdstad	**hōft**stat
car	auto	**ō**tō

car park	parkeerplaats	par**kayr**plāts
caravan	caravan	**ke**rĕven
card	kaart	kārt
care	zorg	**zor**rĕkh
careful	voorzichtig	**vōr**zik**h**tĕkh
careless	nalatig	nā**lā**tĕkh
carry (to)	dragen (droeg, gedragen)	**drā**khĕn (drookh, khĕ**drā**khĕn)
cash	contant (geld)	kon**tant** (khelt)
cashier	kassier	kas**seer**
casino	casino/speelclub	kaseenō/**spayl**klĕp
castle	kasteel (n)	kas**tayl**
cat	kat	kat
catalogue	catalogus	katā**lō**khĕs
catch (to)	vangen (ving, gevangen)	**vang**'n (ving, khĕ**vang**ĕn)
cathedral	kathedraal	kattĕ**drāl**
catholic	katholiek	kattō**leek**
cause	(oor)zaak	**ōr**zāk
cave	grot	khrot
central	centraal	sen**trāl**
centre	centrum (n)/ midden (n)	**sen**trĕm/**mid**dĕn
century	eeuw	ayw
ceremony	plechtigheid	**plekh**tikhhyt

certain	zeker	**zay**kĕr
chair	stoel	stool
chambermaid	kamermeisje (*n*)	**kā**mĕrmysjĕ
chance	kans	kans
by chance	bij toeval	by **too**val
(small) change	kleingeld (*n*)/ wisselgeld (*n*)	**klyn**khelt/ **wis**sĕlkhelt
change (to)	wisselen	**wis**sĕlĕn
charge (to) *account*	op de rekening schrijven	op dĕ **ray**kĕning skhryvĕn
battery	opladen	**op**lādĕn
cheap	goedkoop	khood**kōp**
check (to)	nakijken	**nā**kyk'n
cheque	cheque	shek
child(ren)	kind(eren) (*n*)	kint/**kin**dĕrĕn
chill	kou	kow
china	porcelein (*n*)	porsĕ**lyn**
choice	keuze	**kē̄r**zĕ
choose (to)	kiezen (koos, gekozen)	**kee**zĕn, kōs, khĕ**kō**zĕn
chop (to)	hakken	**hak**k'n
church	kerk	**ker**rĕk
cigarette case	sigaretten-koker	seekhā**ret**tĕn-kōkĕr
cinema	bioscoop	beeyos**kōp**
circle *theatre*	balkon (*n*)	bal**kon**

circus	circus (*n*)	**sir**kĕs
city	stad	stat
class *school*	klas	klas
social	klasse/stand	klassĕ/stant
clean	schoon	skhōn
clean (to)	schoonmaken	**skhōn**māk'n
clear *reason*	duidelijk	**dœ**dĕlĕk
substance	helder	**held**ĕr
clerk	bediende	bĕ**deen**dĕ
climb (to)	klimmen	**klim**mĕn
cloakroom	garderobe	khardĕ**rob**ĕ
clock	klok	klok
close (to)	sluiten/dichtmaken	**slœ**tĕn/**dikht**māk'n
closed	gesloten	khes**lōt**ĕn
cloth	stof	stof
clothes	kleren	**klay**rĕ
cloud	wolk	**wol**lĕk
coach	touringcar	**toor**ingkar
coast	kust	kĕst
coat	jas	yas
coat hanger	klerenhanger	**klay**rĕnhangĕr
coin	munt	mĕnt
cold	koud	kowt
collar	kraag	krākh

collar stud	boordeknoop	**bōr**dĕknōp
collect (to)	verzamelen	vĕr**zā**mĕlĕn
colour	kleur	klēr̄r
comb	kam	kam
come (to)	komen (kwam, gekomen)	**ko**mĕn (kwam, khĕ**kō**mĕn)
come in!	binnen!	binnĕ
comfortable	gemakkelijk	khĕ**mak**kĕlĕk
common	algemeen	alkhĕ**mayn**
company	gezelschap (n)	khĕ**zel**skhap
compartment *train*	compartiment (n)	kompartee**ment**
complain (to)	klagen	**klā**khĕn
complaint	klacht	klakht
complete	compleet/volledig	kom**playt**/vol**lay**dĕkh
concert	concert (n)	kon**sert**
condition	staat/toestand	stāt, **too**stant
conductor *bus*	conducteur	kondĕk**tēr̄r**
orchestra	dirigent	deeree**khent**
congratulations	gefeliciteerd!	khĕfayleesee**tayrt**
connect (to)	verbinden	vĕr**bin**dĕn
connection *train, etc.*	aansluiting	**ān**slœting
consul	consul	**kon**sĕl
consulate	consulaat (n)	konsü**lāt**
contain (to)	bevatten	bĕ**vatt'n**

contrast	tegenstelling	**tay**khĕnstelling
convenient	gemakkelijk	khĕ**mak**kĕlĕk
conversation	gesprek (*n*)	khĕ**sprek**
cook	kok	kok
cook (to)	koken	**kōk**'n
cool	koel	kool
copper	koper (*n*)	**kō**pĕr
copy	exemplaar (*n*)	exem**plār**
copy (to)	kopiëren	kōpee**yay**rĕn
cork	kurk	kĕrrĕk
corkscrew	kurketrekker	**kĕr**kĕtrekkĕr
corner	hoek	hook
correct	juist	jœst
corridor	gang	khang
cosmetics	toiletartikelen	tw**ā**letarteekĕlĕ
cost	prijs	prys
cost (to)	kosten	**kos**tĕn
cot	kinderbed (*n*)	**kin**dĕrbet
cottage	(land)huisje (*n*)	(**land**)hœsyĕ
cotton	katoen (*n*)	ka**toon**
cotton **wool**	watten	**wat**ĕ
couchette	slaapplaats	**slāp**plāts
cough (to)	hoesten	**hoos**tĕn
count (to)	tellen	**tel**ĕ

country	land (*n*)	lant
couple	paar (*n*)	pār
course *dish*	gang	khang
courtyard	erf (*n*)	er**rĕf**
cousin *female*	nicht	nikht
male	neef	nayf
cover	bedekking	bĕ**dek**king
	(*book*) omslag (*n*)	**om**slakh
	(*pot*) deksel (*n*)	**d**ek**sĕl
cover (to)	bedekken	bĕ**dek**kĕn
cow	koe	koo
crease	vouw	vow
creased	gekreukeld	khĕ**krēr**kĕld
credit	krediet (*n*)	krĕ**deet**
crew	bemanning	bĕ**man**ning
cross	boos	bōs
cross (to)	oversteken	**ō**vĕrstaykĕn
crossroads	kruispunt (*n*)	**kr**œspĕnt
crossword	kruiswoordpuzzel	**kr**œswōrdpĕzzĕl
crowd	menigte	**may**nĕkhtĕ
crowded	vol	vol
cry (to)	roepen (*call*)	**roop**'n
	huilen (*tears*)	**hœ**lĕn
cufflinks	manchetknopen	man**shet**knŏp'n

cup	kop	kop
cupboard	kast	kast
cure (to)	genezen (genas, genezen)	khĕnayzĕn (khĕnas, khĕnayzĕn)
curious	nieuwsgierig	nee-oowskheerĕkh
current	stroom	strōm
curtain	gordijn (n)	khordyn
curve	bocht	bokht
cushion	kussen (n)	kĕssĕn
customs	douane	doowănĕ
customs officer	douane beambte	doowănĕ bĕamtĕ
cut	snee	snay
cut (to)	snijden	snydĕn

D

daily	dagelijks	dākhĕlĕks
damaged	beschadigd	bĕskhādĕkht
damp	vochtig	vokhtĕkh
dance	dans	dans
dance (to)	dansen	dansĕn
danger	gevaar (n)	khĕvār
dangerous	gevaarlijk	khĕvārlĕk
dark	donker	donk'r

date *appointment*	afspraak	**af**sprāk
calendar	datum	**dā**tĕm
daughter	dochter	**dokh**t'r
day	dag	dakh
dead	dood	dōt
deaf	doof	dōf
dear *expensive*	duur	dür
decide (to)	besluiten	bĕ**slœ**tĕn
deck	dek (*n*)	dek
deckchair	ligstoel	**likh**stool
declare (to)	aangeven	**ān**khayvĕn
deep	diep	deep
delay	vertraging/uitstel	vĕr**trā**khing/**œt**stel
deliver (to)	afgeven/bestellen	**af**khayvĕn/bĕ**stel**lĕn
delivery	bestelling	bĕ**stel**ling
demi-pension	half pension	**hal**lĕf pen**syon**
dentures	prothese	prō**tayz**ĕ
deodorant	deodorant	day**ō**dorant
depart (to)	vertrekken (vertrok, vertrokken)	vĕr**trek**kĕn (vĕr**trok**, vĕr**trokk**'n)
department	afdeling	**af**dayling
department store	warenhuis (*n*)	**wā**rĕnhœs
departure	vertrek (*n*)	vĕr**trek**
dessert	dessert (*n*)	dĕ**sert**

detour	omweg	**om**wekh
dial (to)	draaien	**drā**yĕn
diamond	diamant	deeyā**mant**
dice	dobbelsteen	**dob**bĕlstayn
dictionary	woordenboek (*n*)	**wōr**dĕbook
diet	diëet (*n*)	de**ayt**
diet (to)	op diëet zijn	op dee**ayt** zyn
different	anders	**an**dĕrs
difficult	moeilijk	**mooy**ĕlĕk
dine (to)	dineren	dee**nay**rĕn
dining room	eetkamer	**ayt**kämĕr
dinner	diner (*n*)	dee**nay**
direct	rechtstreeks	rekht**strayks**
direction	richting	**rikh**ting
dirty	vuil/smerig	vœl/**smay**rĕkh
disappointed	teleurgesteld	tĕ**lērr**khĕstĕlt
discotheque	discotheek	diskō**tayk**
discount	korting	**kor**ting
dish *meal*	gerecht (*n*)	khĕ**rekht**
plate	schotel	**skhōt**'l
disinfectant	ontsmettingsmiddel (*n*)	ont**smet**tingsmiddĕl
distance	afstand	**af**stant
disturb (to)	storen	**stō**rĕn

ditch	greppel	**khrep'l**
dive (to)	duiken (dook, gedoken)	**dœk'n (dōk, khĕdōk'n)**
diving board	duikplank	**dœkplank**
divorced	gescheiden	**khĕskhydĕn**
do (to)	doen	**doon**
dock (to)	dokken/aanleggen	**dokk'n/ānlekhĕn**
doctor	dokter	**dokt'r**
dog	hond	**hont**
doll	pop	**pop**
door	deur	**dēīr**
double	dubbel	**dĕb'l**
double bed	tweepersoonsbed (n)	**twaypersōnsbet**
double room	tweepersoonskamer	**twaypersōnskāmĕr**
down(stairs)	beneden	**bĕnaydĕn**
dozen	dozijn (n)	**dōzyn**
drawer	la	**lā**
dream	droom	**drōm**
dress	jurk/japon	**yĕrk/yapon**
dressing gown	peignoir/kamerjas	**penwār/kāmĕryas**
dressmaker	naaister	**nāeest'r**
drink (to)	drinken (dronk, gedronken)	**dringkĕn (drongk, khĕdrongkĕn)**
drinking water	drinkwater (n)	**dringkwāt'r**

drive (to)	rijden	**ry**dĕn
driver	bestuurder	bĕstürdĕr
drop (to)	laten vallen	lātĕ **vall**ĕn
drunk	dronken	**dron**kĕn
dry	droog	drōkh
during	gedurende/tijdens	khĕ**dü**rĕndĕ/**ty**dĕns
Dutch	Hollands/Nederlands	**holl**ants/**nay**dĕrlants

E

each/per piece	ieder/per stuk	eedĕr/per stĕk
early	vroeg	vrookh
earrings	oorbellen	**ōr**bellĕn
east	oost	ōst
easy	gemakkelijk	khĕ**mak**kĕlĕk
eat (to)	eten	**ay**tĕn
edge	kant	kant
elastic	elastiek (n)	aylas**teek**
electric light bulb	lamp	lamp
electric point	stopcontact (n)	**stop**kontakt
electricity	electriciteit	aylektreesee**tyt**
elevator	lift	lift
embarrass (to)	in verlegenheid brengen	in vĕr**lay**khĕnhyt brengĕn

embassy	ambassade	ambass**ā**d**ĕ**
emergency exit	nooduitgang	n**ō**tœtgang
empty	leeg	laykh
end	einde (*n*)	**yn**d**ĕ**
engaged *people*	verloofd	v**ĕ**rl**ō**fd
telephone	in gesprek	in kh**ĕ**s**prek**
toilet	bezet	b**ĕ**zet
engine	motor	m**ō**t'r
England	Engeland	**eng**ĕlant
English	Engels	**eng**ĕls
enjoy (to)	genieten van	kh**ĕ**n**ee**t**ĕ**n van
enough	genoeg	kh**ĕ**n**ookh**
enter (to)	binnengaan/	**bin**n**ĕ**kh**ā**n/
	binnenkomen	**bin**n**ĕ**k**ō**m**ĕ**n
entrance	ingang	**in**khang
envelope	envelop	env**ĕ**lop
equipment	materiaal (*n*)	m**ā**t**ĕ**ree**yāl**
escape (to)	ontsnappen	onts**nappĕ**n
Europe	Europa	**ēī**r**ō**p**ā**
even *not odd*	even	**ay**v**ĕ**n
event	gebeurtenis	kh**ĕbēī**r**t**ĕnis
ever	ooit	**ō**-eet
every	iedere	**ee**d**ĕ**r**ĕ**
everybody	iedereen	eed**ĕ**r**ayn**

everything	alles	**all**ĕs
everywhere	overal	**ōv**ĕral
example	voorbeeld (*n*)	**vōr**baylt
excellent	uitstekend	**œt**staykĕnt
except	behalve	bĕ**halv**ĕ
excess	over-	**ōv**ĕr
exchange bureau	wisselkantoor (*n*)	**wiss**ĕlkantōr
exchange rate	wisselkoers	**wiss**ĕlkoors
excursion	excursie	ex**kĕr**see
excuse	excuus (*n*)	ex**küs**
exhausted	uitgeput	**œt**khĕpĕt
exhibition	tentoonstelling	ten**tōn**stelling
exit	uitgang	**œt**khang
expect (to)	verwachten	vĕr**wakht**ĕn
expensive	duur	dür
explain (to)	uitleggen	**œt**lekhĕn
express	spoedbestelling	**spoot**bĕstelling
express train	sneltrein	**snel**tryn
extra	extra	**extr**ā
eye shadow	oogschaduw	**ōkh**skhādü

F

fabric	stof	stof
face	gezicht (*n*)	khĕ**zikht**
face cream	gezichtscrème	khĕ**zikht**skrem
face powder	poeder	**pood'r**
fact	feit (*n*)	fyt
factory	fabriek	fa**breek**
fade (to)	vervagen	vĕr**vā**khĕn
faint (to)	flauw vallen	**flow**-vallĕ
fair *colour*	blond	blont
fête	kermis	**kerm**ĕs
fall (to)	vallen (viel, gevallen)	**vall**ĕn (veel, khĕ**vall**ĕn)
family	familie/gezin	fa**mee**lee/khĕzin
far	ver	ver
fare	prijs	prys
farm	boerderij	boordĕ**ry**
farmer	boer	boor
farther	verder	**ver**dĕr
fashion	mode	**mō**dĕ
fast	snel	snel
fat	dik	dik
father	vader	**vā**d'r

fault	fout	fowt
fear	angst	angst
feed (to)	voeden	**vood**ĕn
feel (to)	voelen	**vool**ĕn
female *adj.*	vrouwelijk	**vrow**-wĕlĕk
ferry	veer (*n*)	vayr
fetch (to)	halen	**hā**lĕn
few (a)	een paar	ĕn pār
fiancé(e)	verloofde	vĕr**lōf**dĕ
field	veld (*n*)	velt
fight (to)	vechten	**vekht**ĕn
fill (to)	vullen	**vĕll**ĕn
film	film	**fil**ĕm
find (to)	vinden (vond, gevonden)	**vind**'n (vondt, khĕ**von**dĕn)
fine *adj.*	mooi	mōee
noun	boete	**boot**ĕ
finish (to)	afmaken	**af**mākĕn
finished	klaar	klār
fire	vuur (*n*)/brand	vür/brant
fire escape	brandtrap	**brant**trap
first	eerst	ayrst
first aid	eerste hulp	ayrstĕ **hĕll**ĕp
first class	eerste klas	**ayr**stĕ klas

fish	vis	vis
fish (to)	vissen	**vis**sĕn
fisherman	visser	**vis**sĕr
fit	fit	fit
fit (to)	passen	**pas**sĕn
flag	vlag	vlakh
Flanders	Vlaanderen	**vlān**dĕrĕn
flat *adj.*	plat/vlak	plat/vlak
noun	flat/woning	flet/**wō**ning
Flemish	Vlaams	vlāms
flight	vlucht	vlĕkht
flippers	zwemvliezen	**zwem**vleezĕn
float (to)	drijven	**dry**vĕn
flood	overstroming	ōvĕr**strō**ming
floor *ground*	vloer	vloor
storey	verdieping	vĕr**dee**ping
floor show	cabaret (*n*)	kabā**ret**
flower	bloem	bloom
fly *insect*	vlieg	vleeg
trousers	gulp	khĕlp
fly (to)	vliegen	**vlee**khĕn
fog	mist	mist
fold (to)	vouwen	**vow**-wĕn
follow (to)	volgen	**vol**khĕn

food	eten (n)/voedsel (n)	**ay**tĕn/**vood**sĕl
foot	voet	voot
football	voetbal	**voot**bal
footpath	voetpad (n)	**voot**pat
for	voor	vŏr
foreign	buitenlands	**bœ**tĕnlants
forest	bos (n)	bos
forget (to)	vergeten (vergat, vergeten)	vĕr**khay**tĕn (vĕr**khat**, vĕr**khay**tĕn)
fork	vork	vork
forward	vooruit	vŏrœet
forward (to)	nasturen	**nā**stürĕn
fountain	fontein	fon**tyn**
fragile	breekbaar	**brayk**bār
free	vrij	vry
freight	vracht	vrakht
fresh	vers	vers
fresh water	zoet water	zoot **wā**'r
friend	vriend	vreent
friendly	vriendelijk	**vreen**dĕlĕk
from	van	van
front	voorkant	**vŏr**kant
frontier	grens	khrens
frozen	bevroren	bĕ**vrŏ**rĕn

fruit	fruit (*n*)	frœt
full	vol	vol
full board	vol pension	vol pen**syon**
fun	pret	pret
funny	grappig	**khrap**pĕkh
fur	bont (*n*)	bont
furniture	meubilair (*n*)	mērbee**ler**
further	verder	**ver**dĕr

G

gallery	galerij	gallĕ**ry**
gamble (to)	gokken	**khok**'n
game	wedstrijd/spel	**wet**stryt/spel
garage	garage	khar**ā**shĕ
garbage	vuilnis (*n*)	**vœl**nis
garden	tuin	tœn
gas	gas (*n*)	khas
gate	hek (*n*)	hek
gentlemen	heren	**hay**rĕn
get (to)	krijgen (kreeg, gekregen)	**kry**khĕn (kraykh, khĕ**kray**khĕn)
get off (to)	uitstappen	**œt**stappĕn
get on (to)	instappen	**in**stappĕn

gift	geschenk (*n*)/ cadeau (*n*)	khĕs**khenk**/kādō
girdle	corset (*n*)	kor**set**
girl	meisje (*n*)	**mysyĕ**
give (to)	geven (gaf, gegeven)	**khayv**'n (khaf, khĕ**khayv**ĕn)
glad	blij	bly
glass	glas (*n*)	khlas
glasses	bril	bril
gloomy	somber	**somb**ĕr
glorious	prachtig	**prakh**tĕkh
glove	handschoen	**hant**skhoon
go (to)	gaan (ging, gegaan)	khān (khing, khĕ**khān**)
goal	goal	kōl
god	god	khot
gold	goud (*n*)	khowt
good	goed	khood
government	regering	rĕ**khay**ring
granddaughter	kleindochter	**klyn**dokhtĕr
grandfather	grootvader	**khrōt**vādĕr
grandmother	grootmoeder	**khrōt**moodĕr
grandson	kleinzoon	**klyn**zōn
grass	gras (*n*)	khras
grateful	dankbaar	**dank**bār

gravel	grint (n)	khrint
great	enorm	ay**norr**ĕm
groceries	kruidenierswaren	krœdĕ**neers**wārĕn
ground	grond	khront
grow (to)	groeien	**khrooy**ĕn
guarantee	garantie	kha**rant**see
guard	wacht/(museum) suppoost	wakht, sĕ**pōst**
guest	gast	khast
guide	gids	khits
guide book	handleiding	**hant**lyding

H

hail	hagel	**hā**khĕl
hair	haar (n)	hār
hair brush	borstel	**borst**'l
hairpin	haarspeld	**hār**spelt
half	half	**hall**ĕf
half board	half pension	**hall**ĕf pen**syon**
half fare	half geld	**hall**ĕf khelt
hammer	hamer	**hā**mĕr
hand	hand	hant

handbag	handtas	**hant**-tas
handkerchief	zakdoek	**zak**dook
hang (to)	(op)hangen	**op**hangĕn
hanger	kleerhanger	**klayr**hangĕr
happen (to)	gebeuren	khĕ**bēr̄**rĕn
happy	gelukkig	khĕ**lĕk**kĕkh
happy birthday	gefeliciteerd (met je verjaardag)	khĕfayleesee**tayrt** (met yĕ vĕr**jār**dakh)
harbour	haven	**hā**vĕn
hard	hard	hart
hardly	nauwelikks	**now**-wĕlĕks
hat	hoed	hoot
have (to)	hebben (had, gehad)	**heb**bĕn (hat, khĕ**hat**)
he	hij	hy
head	hoofd (*n*)	hōft
health	gezondheid	khĕ**zont**hyt
hear (to)	horen	**hō**rĕn
heart	hart (*n*)	hart
heat	hitte	**hit**tĕ
heating	verwarming	vĕr**warm**ing
heavy	zwaar	zwār
heel *shoe*	hak	hak
height	hoogte/(*people*) lengte	**hōkh**tĕ, **leng**tĕ
help	hulp	**hĕlp**

help (to)	helpen (hielp, geholpen)	**helpĕn (heellĕp, khĕholpĕn)**
hem	zoom	zōm
her	haar	hār
here	hier	heer
hers	van haar	van hār
high	hoog	hōkh
hike (to)	trekken	**trekkĕn**
hill	heuvel	**hēr̆vĕl**
him	hem	hem
hire (to)	huren	**hürĕn**
his	zijn/van hem	zyn/van hem
hitch-hike (to)	liften	**liftĕn**
hold (to)	(vast)houden	**vasthowdĕn**
hole	gat (*n*)	khat
holiday	vrije dag	**vryyĕ dakh**
holidays	vakantie	**väkantsee**
Holland	Holland/Nederland	**holl**ant/**nay**dĕrlant
hollow	hol	hol
(at) home	thuis	tœs
honeymoon	huwelijksreis	**hüwĕlĕksrys**
hope	hoop	hōp
hope (to)	hopen	**hōpĕn**
horse	paard (*n*)	pärt

horse races	paarderennen	**pār**děrenně
horse riding	paardrijden	**pār**tryděn
hospital	ziekenhuis (*n*)	**zee**kěnhœs
host/hostess	gastheer/gastvrouw	**khast**hayr, **khast**vrow
hot	heet	hayt
hot water bottle	kruik	krœk
hotel	hotel (*n*)	hōtel
hotel keeper	hotelhouder	hōtelhowděr
hour	uur (*n*)	ür
house	huis (*n*)	hœs
how?	hoe	hoo
how much, many?	hoeveel?	hoo**vayl**
(to be) hungry	honger (hebben)	**hong**ěr hebběn
hurry (to)	(zich) haasten	(zikh) **hās**těn
hurt (to)	pijn doen	**pyn** doon
husband	man/echtgenoot	man/**ekht**khěnōt

I

I	ik	ik
if	als	als
immediately	onmiddellijk	on**mid**dělěk
important	belangrijk	bě**lang**ryk
in	in	in

included	inbegrepen	**in**bĕkhrayp'n
inconvenient	ongelegen	onkhĕ**layk**hĕn
incorrect	onjuist	**on**yœst
indeed	inderdaad	indĕr**dāt**
indoors	binnen	**bin**nĕn
information	inlichtingen	**in**likhtingĕn
ink	inkt	ingt
inn	herberg	**her**berkh
insect	insect (*n*)	**in**sekt
insect bite	insectenbeet	in**sek**tĕbayt
insect repellant	insecticide	insektee**see**dĕ
inside	binnen	**bin**nĕn
instead	inplaats daarvan	inplāts-**dār**van
instead of	inplaats van	in**plāts** van
instructor	instructeur	instrĕk**tēr**
insurance	verzekering	vĕr**zay**kĕring
insure (to)	verzekeren	vĕr**zay**kĕrĕn
interested	geïnteresseerd	khĕ-intĕres**sayrd**
interesting	interessant	intĕres**sant**
interpreter	tolk	**tol**lĕk
into	in	in
introduce (to)	voorstellen	**vōr**stellĕn
invitation	uitnodiging	**œt**nōdĕkhing
invite (to)	uitnodigen	**œt**nōdĕkhĕn

Ireland	Ierland	**eer**lant
Irish *adj.*	Iers	eers
noun	Ier/Ierse	eer/**eer**sĕ
iron (to)	strijken	**stryk**'n
island	eiland (*n*)	ylant
it	het	het

J

jar	pot	pot
jellyfish	kwal	kwal
jewellery	juwėlen/sieraden	yüwaylen/**seer**ādĕn
job	baan	bān
journey	reis	rys
jump (to)	springen	**spring**ĕn
jumper	trui	trœ

K

keep (to)	houden (hield, gehouden)	**how**dĕn (heelt, khĕ**how**dĕn)
key	sleutel	**slērt**'l
kick (to)	schoppen	**skhop**pĕn
kind *nice*	aardig/lief	**ār**dĕkh/leef

king	koning	**kō**ning
kiss (to)	zoenen/kussen	**zoo**nĕn/**kĕs**sĕn
kitchen	keuken	**kēr**ken
knickers/briefs	broekje (n)	**brooky**ĕ
knife	mes (n)	mes
knock (to)	kloppen	**klop**pĕn
know (to) *fact*	weten (wist, geweten)	**wayt**ĕn (wist, khĕ**wayt**ĕ)
person	kennen	**ken**nĕn

l

label	etiket (n)	aytee**ket**
lace	kant	kant
ladies	dames	**dā**mĕs
lake	meer	mayr
lamp	lamp	lamp
land	land (n)	lant
landing *plane*	landing	**lan**ding
stairs	overloop	**ō**verlōp
landlord/lady	huisbaas/huisbazin	**hœs**bās/**bā**zin
lane	(rij)baan	**ry**bān
language	taal	tāl
large	groot	khrōt

last	laatste	**lāt**stě
late	laat	lāt
laugh (to)	lachen	**lakh**ĕn
laundry *clothes*	was	was
establishment	wasserij	wassĕry
lavatory	toilet (*n*)/w.c.	**twālet**/way**say**
lavatory paper	toiletpapier (*n*)	**twālet**papeer
law	wet	wet
lead (to)	leiden	**ly**dĕn
leaf	blad (*n*)	blat
leak (to)	lekken	**lek**kĕn
learn (to)	leren	**lay**rĕn
least	minst	minst
leather	leer (*n*)	layr
leave (to) *abandon*	achterlaten	**akh**tĕrlātĕn
go away	vertrekken (vertrok, vertrokken)	**vĕrtrek**kĕn (**vĕrtrok**, vĕr**trokk**'n)
left	links	links
left luggage	gedeponeerde bagage	khĕdaypō**nayr**dĕ bā**khā**shĕ
leg	been (*n*)/(*animal, object*) poot	bayn/pōt
lend (to)	lenen	**lay**nĕn
length	lengte	**leng**tĕ

less	minder	**min**dĕr
lesson	les	les
let (to) *allow*	toestaan	**too**stān
rent	verhuren	ver**hü**rĕn
letter	brief	breef
level crossing	(spoorweg)overgang	**spōr**wekh ōvĕrkhang
library	bibliotheek	beebleeyō**tayk**
licence	vergunning	vĕr**khĕn**ning
life	leven (*n*)	**lay**vĕn
lift	lift	lift
light	licht (*n*)	likht
lighter fuel	aansteker benzine	**ān**stayk'r ben**zeen**ĕ
lighthouse	vuurtoren	**vür**tōrĕn
like (to) *to be fond of*	graag mogen	khrākh **mō**khĕn
enjoy	leuk vinden	lērk vindĕn
line	streep	strayp
linen	beddegoed (*n*)	**bed**dĕkhoot
lingerie	ondergoed (*n*)	**on**dĕrkhoot
lipstick	lipstift	**lip**pĕstift
liquid *adj.*	vloeibaar	**vloo-ee**bār
noun	vloeistof	**vloo-ee**stof
listen (to)	luisteren	**lœs**tĕrĕn
little *small*	klein	klyn
little (a)	een beetje	ĕn **bayty**ĕ

live (to)	leven	**lay**věn
local	plaatselijk	**plät**sělěk
lock	slot (*n*)	slot
lock (to)	op slot doen	op **slot** doon
long	lang	lang
look (to) *at*	kijken (keek, gekeken)	**ky**kěn (kayk, khě**kayk**'n)
look (to) *like*	er uitzien	er œtzeen
look *for*	zoeken (zocht, gezocht)	**zoo**kěn (zokht, khě**zokht**)
loose	los	los
lorry	vrachtwagen	**vrakht**wäkhěn
lose (to)	verliezen (verloor, verloren)	věr**lee**zěn (věr**lōr**, věr**lōr**ěn)
lost property office	gevonden voorwerpen	khě**von**dě **vōr**werpěn
lot	(hele)boel	**hay**lěbool
loud	luid	lœd
love (to)	houden (hield, gehouden) van	**how**děn (heelt, khě**how**děn) van
lovely	prachtig	**prakht**těkh
low	laag	läkh
luggage	bagage	bak**hä**syě
lunch	lunch/ middageten (*n*)	lěnsh/ **midd**akhaytěn

M

mad	gek	khek
magazine	tijdschrift (*n*)	**tyts**khrift
maid	(dienst)meisje (*n*)	(**deenst**) mysyĕ
mail	post	post
main street	hoofdstraat	**hōft**strät
make (to)	maken	**māk**'n
make-up	make-up	**may**kĕp
male *adj.*	mannelijk	**man**nĕlĕk
man	man	man
manage (to)	klaarspelen	**klār**spaylĕn
manager	chef	shef
manicure	manicuur	manee**kür**
many	veel	vayl
map	kaart	kärt
marble	marmer (*n*)	**mar**mĕr
market	markt	**mar**rĕkt
married	getrouwd	khĕ**trowt**
Mass	mis	mis
massage	massage	mas**sä**sye
match *light*	lucifer	**lü**seefer
sport	wedstrijd	**wet**stryt
material	materiaal (*n*)	matĕree**yāl**

matinee	matinee	matee**nay**
mattress	matras (*n*)	**matras**
maybe	misschien	miss**kheen**
me	mij	my
meal	maaltijd	**māl**tyt
measurements	maten	**mā**tĕn
meet (to)	ontmoeten	ont**moot**ĕn
mend (to)	repareren	raypa**rayr**ĕn
mess	rommel	**rom**mĕl
message	boodschap	**bōt**skhap
metal	metaal (*n*)	may**tāl**
middle	midden (*n*)	**mid**ĕn
middle-aged	van middelbare leeftijd	van **mid**dĕlbārĕ **layf**tyt
middle-class *adj.*	middenstands	**mid**dĕnstants
mild	zacht	zakht
mine *pron.*	mijn	myn
minute *time*	minuut	mee**nüt**
mirror	spiegel	**speek**hĕl
Miss	juffrouw	**jĕf**row
miss (to) *train, etc.*	missen	**mis**sĕn
mistake	vergissing	vĕr**khis**sing
mix (to)	mengen/(*people*) omgaan met	**meng**ĕn, **om**khān met
mixed	gemengd	khĕ**mengt**

modern	modern	m**ō**d**ern**
moment	ogenblik (n)	**ō**kh**ĕ**nblik
money	geld (n)	khelt
month	maand	mānt
monument	monument (n)	m**ō**n**üment**
moon	maan	mān
more	meer	mayr
mosquito	mug	m**ĕ**kh
most	meest	mayst
mother	moeder	**moo**d**ĕ**r
motor boat	motorboot	m**ō**t'rb**ō**t
motor cycle	motorfiets	m**ō**t'rfeets
motor racing	motor racing	m**ō**t'r rayssing
motorway	snelweg	**snel**wekh
mountain	berg	**ber**r**ĕ**kh
mouth	mond	mont
mouthwash	mondwater (n)	**mont**wāt'r
move (to)	bewegan	b**ĕ****way**kh**ĕ**n
Mr	De heer	d**ĕ** hayr
Mrs	Mevr(ouw)	m**ĕ****vrow**
much	veel	vayl
museum	museum (n)	m**ü**sayy**ĕ**m
music	muziek	m**ü**zeek
must (to have to)	moeten	**moo**t**ĕ**n

| my, mine | mijn | myn |
| myself | mijzelf | **my**zellĕf |

N

nail *carpentry*	spijker	**spy**k'r
nail polish	nagellak	**nā**khĕllak
nailbrush	nagelborsteltje (*n*)	**nā**khĕlborstĕltyĕ
nailfile	nagelvijl	**nā**khĕlvyl
name	naam	nām
napkin	servet (*n*)	ser**vet**
nappy/diaper	luier	**lœy**ĕr
narrow	nauw	now
near	dichtbij	dikht**by**
nearly	bijna	**byn**ā
necessary	nodig	**nō**dĕkh
necklace	halsketting	**hals**ketting
need (to)	nodig hebben	**nō**dĕkh hebbĕ
needle	naald	nālt
neither	geen van beide	khayn van **by**dĕ
net	net (*n*)	net
never	nooit	**nō**eet
new	nieuw	neew
news	nieuws (*n*)	neews

newspaper	krant	krant
next	volgend	**vol**khěnt
nice *people*	aardig	**ār**děkh
objects	mooi	**mō**ee
food	lekker	**lek**kěr
nightclub	nachtclub	**nakht**klěp
nightdress	nachtjapon	**nakht**yappon
no *adj.*	geen	khayn
nobody	niemand	**nee**mant
noisy	lawaaiig	law**āy**ěkh
none	geen	khayn
north	noord	nōrt
not	niet	neet
note *money*	(bank)biljet (*n*)	(**bank**)bilyet
written	aantekening	**ān**taykěning
notebook	notitieboek (*n*)	nō**teet**seebook
nothing	niets	neets
notice (to)	merken	**merk**'n
novel	roman	rō**man**
now	nu	nü
nude	bloot/naakt	blōt/nākt
number	nummer (*n*)	**něm**měr
nylon	nylon	**ny**lon
nylons	nylons	**ny**lons

O

occasion	gelegenheid	khĕlaykhĕnhyt
occupation	beroep (*n*)	bĕroop
occupied	bezet	bĕzet
ocean	oceaan	ōsayyān
odd *strange*	vreemd	vraymt
not even	oneven	onayvĕn
of	van	van
offer	aanbieding	ānbeeding
offer (to)	aanbieden (bood aan, aangeboden)	ānbeedĕn, bōt ān, ānkhĕbōdĕn
office	kantoor (*n*)	kantōr
officer	ambtenaar/(*milit.*) officier	amtĕnār, offeeseer
official *adj.*	officiëel	offeeshayl
noun	beambte	bĕamtĕ
often	vaak	vāk
ointment	zalf	zallĕf
old	oud	owt
on	op	op
once	eenmaal	aynmāl
only	alleen	allayn

open	open	ōpĕn
open (to)	openen	ōpĕnĕn
opening	opening	ōpĕning
opera	opera	ōpĕrā
opportunity	kans	kans
opposite	tegenovergesteld	taykhĕnōvĕrkhĕstelt
or	of	of
orchestra	orkest (n)	orkest
order (to)	bestellen	bĕstellĕn
ordinary	gewoon	khĕwōn
other	ander	andĕr
otherwise	anders	andĕrs
our	ons	ons
ours	van ons	van ons
out(side)	buiten	bœtĕn
out of order	buiten gebruik	bœtĕn khĕbrœk
over	over	ōvĕr
over night	de nacht over	dĕ nakht ovĕr
over there	daar(ginds)	dār(khints)
overcoat	overjas	ōvĕryas
owe (to)	schuldig zijn	skhĕldĕkh zyn
owner	eigenaar	ykhĕnār

P

pack (to)	(in)pakken	(**in**)pakkĕn
page	bladzij	**blat**zy
paid	betaald	bĕt**ā**lt
pain	pijn	pyn
paint (to)	schilderen	**skhil**dĕrĕn
painting	schilderij (n)	skhildĕ**ry**
pair	paar	pār
palace	paleis (n)	pa**lys**
pale	bleek	blayk
paper	papier (n)	pa**peer**
parcel	pakje (n)	**pak**yĕ
park	park (n)	**par**rĕk
park (to)	parkeren	par**kay**rĕn
part	deel (n)/gedeelte (n)	dayl/khĕ**dayl**tĕ
party *fête*	feest (n)/party	fayst, **pār**tee
political	partij	par**ty**
pass (to)	passeren	pas**say**rĕ
passenger	passagier	passā**sheer**
passport	paspoort (n)	**pas**pōrt
past *adj.*	vorig/verleden	**vō**rĕkh, vĕr**lay**dĕn
noun	verleden (n)	vĕr**lay**dĕn
path	pad (n)	pat

patient *adj.*	geduldig	khĕdĕldĕkh
noun	patient	pashent
pavement	trottoir (*n*)/stœp	trotwār/stoop
pay (to)	betalen	bĕtālĕn
peak	top	top
pearl	parel	pārĕl
pebble	kiezel(steen)	keezĕl(stayn)
pedal	pedaal (*n*)	pĕdāl
pedestrian	voetganger	vootkhangĕr
(fountain) pen	(vul)pen	(vĕl)pen
pencil	potlood (*n*)	potlōt
penknife	zakmes (*n*)	zakmes
people	mensen	mensĕn
per person	per persoon	per persōn
perfect	perfect	perfekt
performance	voorstelling	vōrstelling
perfume	parfum (*n*)	parfĕm
perhaps	misschien	misskheen
perishable	bederfelijk	bĕderfĕlĕk
permit	vergunning	vĕrkhĕnning
permit (to)	toestaan	toostān
person	persoon	persōn
personal	persoonlijk	persōnlĕk
petticoat	petticoat	petteekōt

photograph	foto	**fō**tō
photographer	fotograaf	**fō**tō**khrāf**
piano	piano	pee**yā**no
pick (to)	plukken	**plĕk**kĕn
picnic	picnic	**pik**nik
piece	stukje (n)	**stĕk**yĕ
pier	pier	peer
pillow	kussen (n)	**kĕs**sĕn
(safety) pin	(veiligheids)speld	(**vylĕk**hhyt)spelt
pipe	pijp	pyp
pity!	jammer	**yam**ĕr
place	plaats	plāts
plain clear	duidelijk	**dœd**ĕlĕk
colour	effen	**ef**fĕ
not fancy	eenvoudig	ayn**vow**dĕkh
plan thought	plan (n)	plan
town	plattegrond	**plat**tĕ**khront**
plant	plant	plant
plastic	plastic	plas**teek**
plate	bord (n)	bort
play theatre	toneelstuk (n)	to**nayl**stĕk
play (to)	spelen	**spay**lĕn
player	speler	**spay**lĕr
please	alstublieft	alstü**bleeft**

plenty	genoeg	khĕ**nookh**
pliers	tang	tang
plug *bath*	stop	stop
electric	stekker	**stek**kĕr
wall	stopcontact (*n*)	**stop**kontakt
pocket	zak	zak
point	punt	pĕnt
poisonous	vergiftig	vĕr**khif**tĕkh
policeman	(politie)agent	(poleetsee)a**khent**
police station	politiebureau (*n*)	po**leet**seebüro
poor	arm	**ar**rĕm
popular	populair	popü**layr**
port	haven	**hā**vĕn
possible	mogelijk	**mō**khĕlĕk
post (to)	posten	**pos**tĕn
post box	brievenbus	**bree**vĕnbĕs
post office	postkantoor (*n*)	**post**kantōr
(picture) postcard	(prent)briefkaart	(prent)**breef**kärt
postman	postbode	**post**bōdĕ
postpone (to)	uitstellen	**œt**stellĕn
pound	pond (*n*)	pont
powder	poeder	**poo**yĕr
prefer (to)	liever hebben	**lee**vĕr hebbĕ
prepare (to)	klaarmaken	**klär**mäkĕ

present *gift*	geschenk (*n*)/ cadeau (*n*)	khĕ**skhenk**/kā**dō**
press (to) *clothes*	persen	**per**sĕn
pretty	aardig	**ār**dĕkh
price	prijs	prys
priest	dominee (*prot.*)/ priester (*cath.*)	**dō**meenay, **pree**stĕr
print *picture*	prent	prent
print (to)	drukken	**drĕk**kĕn
private	privé	pree**vay**
problem	probleem (*n*)	prō**blaym**
profession	beroep (*n*)	bĕ**roop**
programme	programma (*n*)	prō**khram**mā
promise	belofte	bĕ**lof**tĕ
promise (to)	beloven	bĕ**lō**vĕn
prompt	prompt	prompt
protestant	protestant	prottĕ**stant**
provide (to)	voorzien	vōr**zeen**
public	publiek (*n*)	pü**bleek**
pull (to)	trekken	**trek**kĕn
pump	pomp	pomp
pure	puur	pür
purse	portemonnaie	portĕmon**nay**
push (to)	duwen	**dü**wĕ

| put (to) | plaatsen | **plāt**sĕn |
| pyjamas | pyjama | peeyāmā |

Q

quality	kwaliteit	kwalee**tyt**
quantity	hoeveelheid	hoo**vay**lhyt
quarter	kwart	kwart
queen	koningin	kō**nin**gin
question	vraag	vrākh
queue	rij	ry
queue (to)	in de rij staan	in de **ry** stān
quick(ly)	vlug/snel	vlĕkh/snel
quiet(ly)	rustig	**rĕ**stĕkh
quite	helemaal	**hay**lĕmāl

R

race	race	rays
racecourse	renbaan	**ren**bān
radiator	radiator	radeeātor
radio	radio	**rā**deeyō
railway	spoorweg	**spōr**wekh

rain	regen	**ray**khĕn
(it is) raining	het regent	het **ray**khĕnt
raincoat	regenjas	**ray**khĕnyas
rare	zeldzaam	**zelt**zăm
rather *more or less*	min of meer	min ov mayr
preference	liever	**lee**vĕr
raw	rauw	row
razor	scheermes (*n*)	**skhayr**mes
razor blade	scheermesje (*n*)	**skhayr**mesyĕ
reach (to)	(be)reiken	bĕ**ry**kĕn
read (to)	lezen (las, gelezen)	**lay**zĕn (las, khĕ**lay**zĕn)
ready	klaar	klār
real	echt	ekht
really	werkelijk	**wer**kĕlĕk
reason	reden	**ray**dĕ
receipt	kwitantie	kwee**tan**tsee
receive (to)	ontvangen	ont**vang**ĕn
recent	recent	rĕ**sent**
recipe	recept (*n*)	rĕ**sept**
recognize (to)	herkennen	her**ken**nĕn
recommend (to)	aanbevelen	**ān**bĕvaylĕn
record	plaat	plāt
sport	record (*n*)	rĕ**kōr**
refrigerator	koelkast	**kool**kast

regards	groeten	**khroot**ĕn
register (to)	aangeven/aantekenen	**ān**khayvĕn/ **ān**taykĕnĕn
relatives	familieleden	fa**mee**leelaydĕn
religion	religie	rĕ**lee**khee
remember (to)	(zich) herinneren	(zikh) her**inn**ĕrĕn
rent	huur	hür
rent (to)	huren	**hür**ĕn
repair (to)	repareren	rĕpa**rayr**ĕ
repeat (to)	herhalen	her**hāl**ĕn
reply (to)	antwoorden	**ant**wōrdĕn
reservation	reservering/boeking	rĕser**vay**ring/**booking**
reserve (to)	reserveren	rĕser**vayr**ĕn
reserved	gereserveerd	khĕrayser**vayrt**
restaurant	restaurant (n)	restō**ran**
restaurant car	restauratiewagen	restō**rāt**seewākhĕn
return (to) from	terugkomen van	tĕrĕkhkōmĕn van
to	teruggaan naar	tĕrĕkh-khān nār
give back	teruggeven	tĕrĕkh-khayvĕn
reward	beloning	bĕlōning
ribbon	lint (n)	lint
rich	rijk	ryk
ride	rit	rit
ride (to)	rijden	**ry**dĕn

right *not left*	rechts	rekhts
not wrong	goed	khoot
right (to be)	gelijk hebben	khĕ**lyk** hebbĕn
ring	ring	ring
ripe	rijp	ryp
rise (to)	opstaan	**op**stăn
river	rivier	ree**veer**
road	weg/straat	wekh/strāt
rock	rots	rots
roll (to)	rollen	**rol**lĕn
roof	dak (*n*)	dak
room	kamer	**kā**mer
rope	touw (*n*)	tow
rotten	(ver)rot	vĕ**rot**
rough	ruw	rüw
round	rond	ront
rowing boat	roeiboot	**roo**eebōt
rubber	rubber (*n*)	**rĕb**bĕr
rubbish	rommel	**rom**mĕl
rucksack	rugzak	**rĕkh**zak
rude	onhebbelijk	onhebbĕlĕk
ruin	ruïne	rüweenĕ
rule (to)	regeren	rĕgayrĕn
run (to)	rennen	**ren**nĕn

S

sad	treurig	**trẽr**rĕkh
safe	veilig	**vy**lĕkh
sailor	zeeman	**zay**man
sale *clearance*	uitverkoop	**œt**vĕrkōp
(for) sale	(te) koop	tĕ kōp
salesgirl	verkoopster/ winkeljuffrouw	vĕr**kōp**stĕr/ **wink**ĕljĕfrow
salesman	verkoper/ winkelbediende	vĕr**kō**pĕr/ **wink**ĕlbĕdeendĕ
salt	zout (*n*)	zowt
salt water	zeewater (*n*)	**zay**wātĕr
same	zelfde	**zelf**dĕ
sand	zand (*n*)	zand
sandals	sandalen	san**dā**lĕ
sanitary towel	maandverband (*n*)	**mānt**vĕrbant
satisfactory	bevredigend	bĕ**vray**dĕkhĕnt
saucer	schotel	**skhōt'l**
save (to)	sparen	**spā**rĕn
say (to)	zeggen	**zek**hĕn
scald (to) *oneself*	zich branden	zich **bran**dĕn
scarf	das/shawl	das/shāl
scenery	landschap (*n*)	**lant**skhap

scent	luchtje (*n*)	**lĕkhyĕ**
school	school	skhōl
scissors	schaar	skhār
Scotland	Schotland	**skhotlant**
Scottish	Schots	skhots
scratch (to)	krabben	**krabbĕn**
screw	schroef	skhroof
screwdriver	schroevendraaier	**skhroovĕndrāyĕr**
sculpture	beeldhouwwerk (*n*)	**baylthow-werk**
sea	zee	zay
sea food	schaaldieren	**skhāldeerĕn**
seasick	zeeziek	**zayzeek**
season	seizoen (*n*)	**syzoon**
seat	(zit)plaats	**(zit)pläts**
second *time*	seconde	**sĕkondĕ**
see (to)	zien (zag, gezien)	zeen (zakh, khĕzeen)
seem (to)	schijnen (scheen, geschenen)	**skhynĕn (skhayn, khĕskhaynĕn)**
self-service	zelfbediening	**zelf**bĕdeening
sell (to)	verkopen (verkocht, verkocht)	**vĕrkōpĕn (vĕrkokht)**
send (to)	sturen	**stürĕn**
separate(ly)	afzonderlijk	**afzon**dĕrlĕk
serious	ernstig	**ern**stĕkh

serve (to)	bedienen	bĕ**dee**nĕn
service	bediening	bĕ**dee**ning
church	dienst	deenst
service charge	bedieningsgeld (*n*)	bĕ**dee**ningskhelt
several	verscheidene	vĕr**skhy**dĕnĕ
sew (to)	naaien	**nā**yĕn
shade *colour*	tint	tint
shadow	schaduw	**skhā**dü
shallow	ondiep	**on**deep
shape	vorm	**vor**rĕm
share (to)	delen	**day**lĕn
sharp	scherp	**skher**rĕp
shave (to)	scheren (schoor, geschoren)	**skhay**rĕn (skhōr, khĕ**skhō**rĕn)
shaving brush	scheerkwast	**skhayr**kwast
shaving cream/foam	scheerzeep/schuim	**skhayr**zayp/skhœm
she	zij	zy
sheet	laken (*n*)	**lāk**'n
shell	schelp	**skhel**lĕp
shelter	toevlucht	**too**vlĕkht
shine (to)	schijnen (scheen, geschenen)	**skhy**nĕn (skhayn, khĕ**skhay**nĕn)
shingle	kiezel(steen)	**kee**zĕl(stayn)
ship	schip (*n*)	skhip

shipping line	scheepvaartmaat- schappij	**skhayp**vărt-măt- skhap**py**
shirt	(over)hemd (*n*)	(ōver)hemt
shock	schok	skhok
shoe	schoen	skhoon
shoelace	veter	**vay**tĕr
shoe polish	schoensmeer	**skhoon**smayr
shop	winkel	**win**kĕl
shopping centre	winkelcentrum (*n*)	**win**kĕlsentrĕm
shore	kust	kĕst
short	kort	kort
shortly	binnenkort	binnĕn**kort**
shorts	korte broek	kortĕ **brook**
shoulder	schouder	**skhow**dĕr
show	show	shō
show (to)	laten (liet) zien	lātĕ (leet) **zeen**
shower	douche	doosh
shut	gesloten	khĕ**slō**tĕn
shut (to)	sluiten (sloot, gesloten)/dicht doen (deed, gedaan)	**slœ**ten (slōt, khĕ**slō**ten)/**dikht** doon (dayt, khĕ**dān**)
side	zijkant	**zy**kant
sights	bezienswaardigheden	bĕzeens**wār**dĕkh- haydĕn

sightseeing	bezichtiging	bě**zikh**tĕkhing
sign	teken (*n*)/bord (*n*)	**tay**kĕn, bort
sign (to)	tekenen	**tay**kĕnĕn
signpost	verkeersbord (*n*)	vĕr**kayrs**bort
silver	zilver (*n*)	**zil**vĕr
simple	eenvoudig	ayn**vow**dĕkh
since	sinds	sints
sing (to)	zingen	**zing**ĕn
single *just one/ not return*	enkel	**en**kĕl
unmarried	ongetrouwd	**on**khĕtrowt
single room	eenpersoonskamer	**ayn**persōnskămĕr
sister	zuster	**zĕst**r
sit (to)	zitten (zat, gezeten)	**zitt**ĕn (zat, khĕ**zay**tĕn)
sit down (to)	gaan zitten	khān **zitt**ĕn
size	maat	māt
skid (to)	glijden (gleed, gegleden)	**khly**dĕn (khlayt, khĕ**khlay**dĕn)
skirt	rok	rok
sky	hemel/lucht	**hay**mĕl/lĕkht
sleep (to)	slapen (sliep, geslapen)	**slā**pĕn (sleep, khĕ**slāp**'n)
sleeper *train*	slaapwagen	**slāp**wākhĕn
sleeping-bag	slaapzak	**slāp**zak
sleeve	mouw	mow

slice	sneetje (*n*)	**snaytyĕ**
slip	onderjurk	**ond**ĕrjĕrk
slippers	pantoffels	**pantoff**ĕls
slowly	langzaam	**langzām**
small	klein	klyn
smart	chic	sheek
smell	reuk	rērk
smell (to)	ruiken	**rœ**kĕn
smile (to)	glimlachen	**khlim**lakhĕn
smoke (to)	roken	**rō**kĕn
(no) smoking	(niet) roken	(neet) **rō**kĕn
snow	sneeuw	snayw
(it is) snowing	het sneeuwt	**'t-snaywt**
so	zo	zō
soap	zeep	zayp
soap powder	zeeppoeder	**zayp**pooyĕr
sober	eenvoudig/(*not drunk*) sober	aynvowdĕkh, **sō**bĕr
sock	sok	sok
soft	zacht	zakht
sold	verkocht	**vĕr**kokht
sole *shoe*	zool	zōl
solid	stevig/(*not liquid*) vast	**stay**vĕkh, vast

some *a few*	sommige/enkele	**som**mĕkhĕ/**enkĕlĕ**
a little	een beetje	ĕn **baytyĕ**
somebody	iemand	**ee**mant
somehow	op de een of andere manier	op dĕ ayn ov andĕrĕ ma**neer**
something	iets	eets
sometimes	soms	soms
somewhere	ergens	**er**khĕns
son	zoon	zōn
song	lied (*n*)	leet
soon	gauw	khow
sort	soort (*n*)	sōrt
sound	geluid (*n*)	khĕ**lœd**
sour	zuur	zür
south	zuid	zœd
souvenir	souvenier (*n*)	soovĕ**neer**
space	ruimte	**rœm**tĕ
spanner	(moer)sleutel	**moor**slĕrtĕl
spare	reserve	rĕ**servĕ**
speak (to)	spreken (sprak, gesproken)	**sprayk**'n (sprak, khĕ**sprōk**'n)
speciality	specialiteit	spayseeyālee**tyt**
spectacles *glasses*	bril	bril
speed	snelheid	**snel**hyt

speed limit	maximum snelheid	**max**eeměm snelhyt
spend (to)	uitgeven	œtgayvěn
spoon	lepel	**layp'l**
sport	sport	sport
sprain (to)	verstuiken	věrstœkěn
spray	verstuiver	věrstœevěr
spring *water*	bron	bron
square	vierkant	**veer**kant
town	plein (*n*)	plyn
stable *noun*	stal	stal
stage	toneel (*n*)	tō**nayl**
stain	vlek	vlek
stained	bevlekt	bě**vlekt**
stairs	trap	trap
stalls	zaal	zāl
stamp	postzegel	**pos**saykhěl
stand (to)	staan (stond, gestaan)	stān, stont, khě**stān**
star	ster	ster
start (to)	beginnen (begon, begonnen)	bě**khin**něn (bě**khon**, bě**khon**něn)
statue	beeld (*n*)	baylt
stay (to)	blijven (bleef, gebleven)	**bly**věn (blayf, khě**blay**věn)
step	stap	stap

steward(ess)	steward(ess)	**styoowart/ styoowardes**
stick	stok	stok
stiff	stijf	styf
still *not moving*	stil	stil
time	nog	nokh
sting	beet	bayt
stocking	kous	kows
stolen	gestolen	khĕ**stōlĕn**
stone	steen	stayn
stool	kruk	krĕk
stop (to)	stoppen/ophouden	**stoppĕn/ophowdĕn**
store	winkel	**wink**ĕl
storm	storm	**storr**ĕm
stove	fornuis (*n*)	forn**œs**
straight	recht	rekht
straight on	rechtuit	rekht**œt**
strange	vreemd	vraymd
strap	riem	reem
stream	stroom	strōm
street	straat	strãt
streetcar	tram	trem
stretch (to)	rekken	**rek**kĕn
string (*piece of*)	touwtje (*n*)	**towty**ĕ

strong	sterk	**sterrĕk**
student	student	**stüdent**
stung (to be)	gestoken worden	khĕstōkĕ wordĕ
style	stijl	styl
subject	onderwerp (*n*)	**on**dĕrwerrĕp
suburb	buitenwijk	**bœ**tĕwyk
such	zo (een), zo'n	zō ayn, zōn
suede	suede	süwedĕ
suggestion	voorstel	**vō**rstel
suit	pak (*n*)/kostuum (*n*)	pak/kostü**m**
suitcase	koffer	**kof**fĕr
sun	zon	zon
sunbathing	zonnebaden	**zon**nĕbādĕ
sunburn	zonnebrand	**zon**nĕbrant
sunglasses	zonnebril	**zon**nĕbril
sunhat	zonnehoed	**zon**nĕhoot
sunshade	zonnescherm (*n*)	**zon**nĕskherrĕm
suntan cream	zonnebrandolie	**zon**nĕbrantōlee
supper	avondeten (*n*)	**ā**vontaytĕ
supplementary charge	toeslag	**too**slakh
sure	zeker	**zay**k'r
surgery hours	spreekuur (*n*)	**spray**kür
surprise	verrassing	**vĕ**rassing

surprise (to)	verrassen	**vĕ**ras**sĕn**
suspender belt	jarretel-gordel	sharrĕ**tel-khordĕl**
sweat	zweet (*n*)	zwayt
sweater	trui	trœ
sweet *adj.*	zoet	zoot
noun	snoepje (*n*)	**snoopyĕ**
swell (to)	opzwellen (zwol, opgezwollen)	**op**zwellen (zwol, **op**khĕzwollĕ)
swim (to)	zwemmen (zwom, gezwommen)	**zwem**mĕn (zwom, khĕ**zwom**mĕ)
swimming pool	zwembad (*n*)	**zwem**bat
swings	schommel	**skhom**mĕl
switch *light*	schakelaar/knopje (*n*)	**skhā**kĕlār/**knopy**ĕ
synagogue	synagoge	seena**khō**khĕ

T

table	tafel	**tā**fĕl
tablecloth	tafelkleed (*n*)	**tā**fĕlklayt
tablet	tablet (*n*)/pil	**tablet/pil**
tailor	kleermaker	**klayr**māk'r
take (to)	(mee)nemen (nam, genomen)	(**may**)naymĕ (nam, khĕ**nō**mĕ)
talk (to)	praten	**prā**tĕn

tall	lang/hoog	lang/hōkh
tank	tank	tenk
tanned	gebruind	khe**brœnt**
tap	kraan	krān
taste	smaak	smāk
taste (to) *active*	proeven	**proov**ĕn
passive	smaken	**smā**kĕn
tax	belasting	bĕ**lasting**
taxi	taxi	**tak**see
taxi rank	taxistandplaats	**tak**seestantplāts
teach (to)	leren	**lay**rĕn
tear *cloth, etc.*	scheur	skhēr̄r
tear (to)	scheuren	**skhēr̄**ren
telegram	telegram (*n*)	taylĕkh**ram**
telephone	telefoon	taylĕ**fōn**
telephone (to)	telefoneren	taylĕ**fō**nayrĕn
telephone box	telefooncel	taylĕ**fōn**sel
telephone call	telefoongesprek (*n*)	taylĕ**fōn**khĕsprek
television	televisie	taylĕ**vee**see
tell (to)	vertellen	vĕr**tell**ĕn
temperature	temperatuur	tempĕrā**tür**
temple	tempel	**tem**pĕl
temporary	tijdelijk	**ty**dĕlĕk
tennis	tennis	**tenn**ĕs

tent	tent	tent
tent peg	haring	**hā**ring
tent pole	tentstok	**tent**stok
terrace	terras (n)	ter**ras**
than	dan	dan
that	dat	dat
the	de/het	dĕ/het, ĕt
theatre	theater (n)	tayy**ā**tĕr
their	hun	hĕn
theirs	van hun	van hĕn
them	hen	hen
then	dan/toen	dan/toon
there	daar	dār
thermometer	thermometer	**term**ōmayt'r
these	deze	**day**zĕ
they	zij	zy
thick	dik	dik
thin	dun	dĕn
thing	ding (n)	ding
think (to)	denken (dacht, gedacht)	**den**kĕn (dakht, khĕ**dakht**)
thirsty (to be)	dorst (hebben)	**dorst** (hebbĕn)
this	dit	dit
those	die	dee

though	hoewel	hoo**wel**
thread	draad	drāt
through	door	dŏr
throughout (the day)	de hele (dag)	dĕ **haylĕ** dakh
throw (to)	gooien	**khōy**ĕn
thunderstorm	onweer (*n*)	**on**wayr
ticket	kaartje (*n*)	**kārt**yĕ
tide	tij (*n*)	ty
tie	das	das
sport	gelijkspel (*n*)	khĕlyk**spel**
tight	nauw	now
tights	panty nylons	**pan**tee nylons
time	tijd	tyt
timetable	dienstregeling	**deens**traygĕling
railway	spoorboekje (*n*)	**spōr**bookyĕ
tin	blik (*n*)	blik
tin opener	blikopener	**blik**ōpĕnĕr
tip *in restaurant*	fooi	**fō**ee
tip (to)	een fooi geven	ĕn **fō**ee khayvĕn
	(gaf, gegeven)	(khaf, khĕ**khay**vĕ)
tired	moe	moo
to	naar/aan	nār/ān
tobacco	tabak	ta**bak**
tobacco pouch	tabakszak	ta**bak**sak

together	samen	**sā**měn
toilet	toilet (n)/w.c.	twā**l**et/way**say**
toilet paper	toiletpapier (n)	twā**l**etpapeer
tongue	tong	tong
too *also*	ook	ōk
excessive	te	tě
too much/many	te veel	tě**vayl**
toothbrush	tandeborstel	**tan**děborstěl
toothpaste	tandpasta	**tant**pastā
toothpick	tandestoker	**tan**děstōkěr
top	bovenkant	**bō**věnkant
torch	zaklantaarn	**zak**lantārěn
torn	gescheurd	khě**skhērrt**
touch (to)	aanraken	**ān**rākěn
tough	taai	tā-ee
tour	toer	toor
tourist	toerist	too**rist**
towards	naar . . . toe	nār . . . too
towel	handdoek	**han**dook
tower	toren	**tō**rěn
town	stad	stat
town hall	gemeentehuis (n)	khě**maynt**ěhœs
toy	speelgoed (n)	**spayl**khoot
traffic	verkeer (n)	věr**kayr**

traffic jam	verkeersopstopping	vĕr**kayrs**opstopping
traffic lights	verkeerslichten	vĕr**kayrs**likhtĕn
trailer	oplegger	**op**lekhĕr
train	trein	tryn
tram	tram	trem
transfer (to)	overdragen	ō̆vĕrdrākhĕn
transit	doorreis	**dō**rrys
translate (to)	vertalen	vĕr**tā**lĕn
translation	vertaling	vĕr**tā**ling
travel (to)	reizen	**ry**zĕn
travel agent	reisbureau (n)	**rys**bürō
traveller	reiziger	**ry**zĕkhĕr
traveller's cheque	reischeque	**rys**-shek
treat (to)	behandelen	bĕ**han**dĕlĕn
treatment	behandeling	bĕ**han**dĕling
tree	boom	bōm
trip	reisje (n)	**rys**yĕ
trouble	moeilijkheden	**moo**yĕlĕk-haydĕn
trousers	broek	brook
true	waar	wār
trunk *luggage*	koffer	**kof**fĕr
trunks	onderbroek	**on**dĕrbrook
truth	waarheid	**wār**hyt
try (to)	proberen	prō**bay**rĕn

try on (to)	passen	**pas**sĕn
tunnel	tunnel	**tĕn**nĕl
turn (to)	draaien	**drā**yĕn
turning	bocht/afslag	bokht/**af**slakh
tweezers	pincet (n)	**pin**set
twin beds	lits jumeaux	leeshü**mō**
twisted	gedraaid	khĕ**drā**eed

U

ugly	lelijk	**lay**lĕk
umbrella	paraplu	pără**plü**
uncle	oom	ōm
uncomfortable	ongemakkelijk	onkhĕ**mak**kĕlĕk
under	onder	**on**dĕr
underground *train*	ondergronds	ondĕr**khront**s
underneath	onder	**on**dĕr
understand (to)	begrijpen (begreep, begrepen)	bĕ**khry**pĕn (bĕ**khrayp**, bĕ**khray**pĕn)
underwear	ondergoed (n)	**on**dĕrkhoot
university	universiteit	üneeversee**tyt**
unpack (to)	uitpakken	**œt**pakkĕn
until	tot	tot

unusual	ongewoon	onkhĕ**wōn**
upon	op	op
upstairs	boven	**bō**vĕn
urgent	dringend	**dring**ĕnt
us	ons	ons
U.S.A.	Verenigde Staten	vĕraynĕkhdĕ stātĕ
use (to)	gebruiken	khĕ**brœk**ĕn
useful	bruikbaar	**brœk**bār
useless	onbruikbaar	on**brœk**bār
usual(ly)	gewoon(lijk)	khĕ**wōn**(lĕk)

V

vacancies	vacatures (*job*)/ kamers vrij (*hotel*)	vakatürĕs, **kā**mĕrs vry
vacant	vrij	vry
valid	geldig	**khel**dĕkh
valley	vallei	val**ly**
valuable	kostbaar/waardevol	**kostbār**/**wār**dĕvol
value	waarde	**wār**dĕ
vase	vaas	vās
vegetables	groente	**groon**tĕ
vegetarian	vegetariër	vaykhĕ**tā**reeyĕr
ventilation	ventilatie	ventee**lā**tsee

very	erg/heel	erkh/hayl
very little	klein beetje	klyn **baytyĕ**
very much	heel veel	hayl vayl
vest	hemdje	**hem**pyĕ
view	uitzicht (*n*)	œtzikht
villa	villa	**vee**la
village	dorp (*n*)	**dor**rĕp
violin	viool	veeyōl
visa	visum (*n*)	**vee**sĕm
visibility	zicht (*n*)	zikht
visit	bezoek (*n*)	bĕ**zook**
visit (to)	bezoeken (bezocht, bezocht)	bĕ**zoo**kĕn (bĕ**zo**kht)
voice	stem	stem
voltage	voltage (*n*)	vol**tā**shĕ
voyage	reis	rys

W

wait (to)	wachten	**wakh**tĕn
waiter	kelner	**kel**nĕr
waiting room	wachtkamer	**wakh**tkāmĕr
waitress	dienster	**deen**stĕr

wake (to)	wakker worden (werd, geworden)	**wak**kĕr wordĕn (wert, khĕwordĕ)
Wales	Wales	wayls
walk	wandeling	**wan**dĕling
walk (to)	wandelen/lopen (liep, gelopen)	**wan**dĕlĕ/**lō**pĕ (leep, khĕlōpĕ)
wall	muur	mür
wallet	portefeuille	portĕ**fœy**ĕ
want (to)	willen	**wil**lĕ
wardrobe	klerenkast	**klay**rĕkast
warm	warm	**war**rĕm
wash (to)	wassen	**was**sĕn
washbasin	wasbak	**was**bak
waste	verspilling/(*garbage*) afval	vĕr**spil**ling, **af**val
watch	horloge (*n*)	hor**lō**shĕ
water (fresh, salt)	(zoet, zout) water (*n*)	zoot, zowt **wāt**'r
water ski-ing	water skiën	**wāt**ĕr skeeyĕn
waterfall	waterval	**wāt**ĕrval
waterproof	waterproof	**wāt**ĕrproof
wave	golf	**khol**lĕf
way	weg	wekh
we	wij	wy
wear (to)	dragen (droeg, gedragen)	**drā**khĕn (drookh, khĕ**drā**khĕ)

weather	weer (*n*)	wayr
week	week	wayk
weigh (to)	wegen (woog, gewogen)	**wayk**hĕn (wōkh, khĕ**wōkhĕ**)
weight	gewicht (*n*)	khĕ**wikht**
welcome	welkom	**wel**kom
well	goed	khoot
Welsh	Weels	wayls
west	west	west
wet	nat	nat
what	wat	wat
wheel	wiel (*n*)	weel
when	wanneer	wan**nayr**
where	waar	wăr
whether	of	ov
which	welke	**wel**kĕ
while	terwijl	ter**wyl**
who	wie	wee
whole	heel	hayl
whose	wiens	weens
why	waarom	wăr**om**
wide	wijd	wyt
widow	weduwe	**way**düwĕ
widower	weduwnaar	**way**düwnăr

wife	vrouw	vrow
wild	wild	wilt
win (to)	winnen (won, gewonnen)	**win**nĕn (won, khĕ**won**nĕ)
wind	wind	wint
window	raam (*n*)/venster (*n*)	rãm/**ven**stĕr
wing	vleugel	**vlē͞r**gel
wire	draad	drãt
wish (to)	wensen	**wen**sĕn
with	met	met
within	binnen	**bin**nĕn
without	zonder	**zon**dĕr
woman	vrouw	vrow
wood *forest*	bos (*n*)	bos
timber	hout (*n*)	howt
wool	wol	wol
word	woord (*n*)	wõrt
work	werk (*n*)	**wer**rĕk
work (to)	werken	**wer**kĕn
worry (to)	zich zorgen maken	zikh **zor**khĕn mãkĕn
worse	slechter	**slekh**tĕr
worth (to be)	waard zijn	wãrt zyn
wrap (to)	inpakken	**in**pakkĕn

write (to)	schrijven (schreef, geschreven)	**skhryv**ĕn (skhrayf, khĕ**skhrayv**ĕn)
writing paper	schrijfpapier (*n*)	**skhryf**papeer
wrong	verkeerd	vĕr**kayrt**

Y

yacht	jacht (*n*)/zeilboot	yakht/**zyl**bōt
year	jaar (*n*)	yār
yet	nog	nokh
you	je	yĕ
young	jong	yong
your, yours	jouw	yow
youth hostel	jeugdherberg	**yērkht**herberrĕkh

Z

zip	ritssluiting	**rit**slœting
zoo	dierentuin	**deer**ĕntœn

Index